reinhardt

Ulrike von Chossy • Michael Bauer

Erziehen ohne Religion

Argumente und Anregungen für Eltern

Mit einem Geleitwort von Rolf Oerter

Ernst Reinhardt Verlag München Basel

Inhalt

Geleitwort   **7**

Von Rolf Oerter

1   Religionsfrei ist nicht „nichts"   **9**

Zwei Botschaften   10

Grundbegriffe leicht erklärt: Atheismus, Agnostizismus und Humanismus   12

Wie das Leben ohne Religion gelingt   14

**2   Entwicklungspsychologische Grundlagen
der Moralentwicklung**   **16**

Die Entwicklung von Moral   17

Prosoziales Verhalten als Erziehungsziel   25

Den anderen verstehen   26

**3   Argumentationshilfen für eine religionsfreie
Erziehung**   **29**

Religiosität und Spiritualität   30

Macht Religion gesünder?   31

Ist die „magische" Phase eine „religiöse" Phase?   33

Ist Gott biologisch verankert?   34

Religion und Pädagogik   37

Religion schadet doch nichts!?   38

Drei Plädoyers   41

4   Vermittlung von Werten und Tugenden   **48**

Was sind Werte und Tugenden, und wozu sind sie nützlich?   49

Wie werden Werte vermittelt?   51

„Christliche" Werte und Tugenden   58

5   Krisenbewältigung   **63**

Religionsfrei mit Krisen umgehen   64

Resilienz stärken   65

Erklären statt Vernebeln   66

Rituale helfen   69

Umfeld einbeziehen   70

Sterben und Tod   72

6   Weltliche Feste und Feiern   **80**

Weltliche Feierkultur   81

Feste und Feiern im Lebenslauf   81

Feste und Feiern im Jahreslauf   91

Und was ist mit all den anderen Festen?   94

7   In der Kindertagesstätte   **96**

Zu Hause oder in der Kita?   97

Rahmenbedingungen für die Betreuung in der Kita   98

Eine Frage der Trägerschaft?   100

Tagespflege   109

8   In der Schule   **111**

Schulfächer   112

Religion im Schulleben   122

Privatschulen als Alternative?   130

9   Serviceteil   **133**

Literatur   134

Literaturempfehlungen für Eltern   142

Adressen und Kontakte   143

Geleitwort

Dieses Buch richtet sich an Eltern, vor allem an nicht-religiöse Eltern, die heute eine immer größer werdende Gruppe gegenüber Mitgliedern etablierter Religionen bilden. Es sind Eltern, die in der Öffentlichkeit weder politischen Einfluss nehmen noch politisch gestützt werden. Während alle Religionsgemeinschaften vom Staat kräftig gefördert werden, vor allem, indem man ihnen besondere Rechte einräumt, können sich Eltern, die ihre Kinder anders erziehen möchten, nicht auf Unterstützung verlassen. Sie bleiben bestenfalls unbeachtet, trotz ihrer großen Zahl. In dieser Situation will das vorliegende Buch Eltern beraten und ihnen grundlegende wichtige Informationen vermitteln. Die Autoren berufen sich auf wissenschaftliche Befunde zur kindlichen Entwicklung und zeigen, dass Kinder ohne religiöse Umwege moralisch denken und urteilen lernen, dass sie prosozial handeln und dass man Werte und Tugenden nicht religiös aufoktroyieren, sondern durch kritisches Nachdenken gemeinsam aufbauen sollte.

Der Elternratgeber klärt über wichtige Rechte auf, die Eltern und Kinder in religiös geprägten Institutionen haben. Er gibt Hinweise, wie man sich gegen organisierte Ungerechtigkeit wehren kann und zeigt, dass der Festkalender für Nicht-Religiöse genauso reichhaltig ist wie der traditionelle Festkatalog. Sie berät, wie man sich angesichts des Angebots an Kinderkrippen, Kindergärten und Schulen orientieren kann und welche Bedeutung der Eigeninitiative dabei zukommt.

Wie soll man sich gegenüber den Kindern verhalten, die tagtäglich nach dem „Woher" und „Warum" in der Welt fragen? Die Antwort ist einfach: Man gibt die richtigen Antworten. „Richtig" heißt hier, dass man den Kindern die Erkenntnisse der Wissenschaft in für sie angemessener Weise vermittelt. Die Evolution erklärt die Entstehung von Tier und Mensch auf natürliche Weise. Religiöse Deutungen sind demgegenüber Mythen, und Kinder können sehr gut zwischen Mythos und Realität unterscheiden, weil sie im Spiel auch eine Phantasiewelt aufbauen. Schon in Kindergarten und Grundschule sollten evolutionäres, geologisches und physikalisches Wissen vermittelt werden. Die mythologischen Deutungen erhalten dann den Stellenwert, der ihnen zukommt, nämlich als Deutungsversuche früherer Kulturen, die mit ihrem damaligen Wissen ebenfalls um Erkenntnis gerungen haben. Es kann nicht angehen, dass in der Grundschule regelmäßig Religionsunterricht erteilt wird, die Evolutionstheorie aber überhaupt nicht zu Wort kommt. Die Wirkung dieses Missverhältnisses ist bekannt: Im Jugendalter geben die meisten ihren religiöses Glauben als „Kinderglauben" auf.

„Erziehen ohne Religion" heißt nicht, Religionen zu verunglimpfen, sondern ihren Stellenwert in der Menschheitsgeschichte zu respektieren. So plädieren die Autoren dafür, sich durchaus mit Religionen auseinanderzusetzen, ihre historische Bedeutung im Guten wie im Schlechten kennenzulernen und ihren Einfluss auf die Alltagssprache bewusst zu machen.

„Erziehen ohne Religion" will alle Eltern stärken, die sich in ihrer weltanschaulichen Position allein gelassen fühlen. Hoffen wir, dass es seinen Zweck erfüllt.

München, im Mai 2013
Prof. em. Dr. Rolf Oerter
Ludwig-Maximilians-Universität München
Entwicklungspsychologie und Pädagogische Psychologie

Religionsfrei ist nicht „nichts"

Immer mehr Menschen führen ein Leben ohne religiöse Bezüge. Dieser Ratgeber unterstützt sie dabei, ihre Kinder auf dem Weg zu einem selbstbestimmten und verantwortungsvollen Leben zu begleiten.

1

Religionsfreie Erziehung ermöglicht eine Erziehung zum selbstbestimmten Leben.

Religionsfreie Erziehung ermöglicht es, Kinder auf ein selbstbestimmtes und verantwortungsvolles Leben vorzubereiten. Als stabile und selbstbewusste Persönlichkeiten sehen sie die Welt mit offenem Geist, treffen Entscheidungen ohne Scheuklappen und nehmen verständnisvoll Anteil am Leben der anderen. Wie das gelingen kann, zeigt dieser Ratgeber.

Zwei Botschaften

Darüber hinaus hat dieses Buch zwei weitere Botschaften:

Religionsfreie Menschen sind nicht allein.

Die erste ist, dass religionsfreie Menschen mit ihren Bedürfnissen nicht alleine sind. Ganz im Gegenteil: in Deutschland gehören knapp 40 % der Bevölkerung keiner Religion an, und ihre Zahl steigt ständig (fowid 2012). Sie mögen vielleicht im öffentlichen Leben nicht so in Erscheinung treten wie religiöse Menschen bzw. deren Vertreter in den Medien, doch es gibt sie, und nicht zu knapp. Es wird Zeit, dass sie erkennbarer werden und ihre Gleichberechtigung einfordern.

Religionsfreie haben eigene Bedürfnisse.

Die zweite Botschaft lautet: Menschen, die ihr Leben ohne religiöse Bezüge führen, sind nicht „nichts". Sie leiden nicht unter emotionalen, intellektuellen oder sonstigen „Leerstellen", sondern haben eine Vielzahl von Werten und Überzeugungen. Schon gar nicht brauchen sie eine konfessionelle Bevormundung. Sie deuten die Welt ohne Götter, Geister oder andere unsichtbare Wesen. Sie gehen davon aus, dass es in der Welt mit rechten Dingen zugeht – ohne Wunder, ohne jungfräuliche Geburten und ohne Himmel und Hölle, auch ohne ein Weiterleben nach dem Ende unserer natürlichen Existenz. Sie leben hier und jetzt. Sie geben ihrem Leben selbst einen Sinn. Und sie haben eigene Bedürfnisse, was die Erziehung ihrer Kinder angeht, die sie darauf vorbereiten wollen, ein glückliches und erfülltes Leben zu führen.

Begriffe wie konfessionslos, religionslos, gottlos verweisen auf einen Mangel – ebenso wie z. B. mutlos, ratlos oder haltlos. Die Möglichkeit, Kinder auf weltlicher Grundlage und ohne religiöse Bezüge zu erziehen, kann aber vor allem auch als Chance, sogar als Befreiung empfunden werden. Daher verwenden wir in diesem Buch den Begriff „religionsfrei". Dabei geht es nicht darum, dass Kinder gar nicht mit Religion in Berührung kommen, sondern dass die Grundlage der Erziehung nicht auf religiöse Gedanken eingeengt ist. Letztlich kommt es auf die eigene Entscheidung des Kindes, frei von Zwängen und Ängsten, an.

Frei von Religionen zu sein ist kein Mangel.

Die Gesamtheit von Werten, Überzeugungen und Sichtweisen bezeichnet man mit dem etwas sperrigen Begriff der „Weltanschauung" – einer der so unübersetzbar deutschen Begriffe, dass er ins Englische als Lehnwort übernommen wurde. Die Weltanschauung von Menschen ohne Religion wird üblicherweise als Humanismus bezeichnet, und manchmal noch verdeutlichend als „weltlicher Humanismus". In diesem Sinne verwenden wir „Humanismus" in diesem Buch. Im englischen Sprachraum hat sich diese Wortverwendung bereits stärker durchgesetzt als im Deutschen, wo es auch andere Humanismus-Begriffe gibt, z. B. solche, die sich allgemein auf die Antike beziehen oder die religiöse Bedeutungen mitführen. Diese sind hier aber nicht gemeint.

Humanismus in unserem Sinne bedeutet, ein erfülltes Leben ohne Religion zu führen. Die Begriffe „Atheismus" und „Agnostizismus" bezeichnen dagegen die Einstellung zur Gottesfrage u.a.

Grundbegriffe leicht erklärt: Atheismus, Agnostizismus und Humanismus

Atheismus bedeutet nichts weiter als die Ablehnung des Theismus, also eines Gottesglaubens. „Atheisten glauben fest an keinen Gott", sagen Spötter. Eine andere Wahl haben sie allerdings auch nicht, denn an solche Dinge wie Götter kann man nur „glauben" oder eben nicht: „wissen" kann man über sie nichts. So sagen einige Logiker, dass die Nichtexistenz eines Gottes nicht beweisbar sei, wie es überhaupt nie beweisbar sein könnte, dass es etwas nicht gibt. Vor allem nichts, das unsichtbar ist und sich nur selten und nur wenigen offenbart.

Atheisten sind überzeugt, dass es keinen Gott gibt.

Mit einem gewissen Recht sind daher die Verfechter eines Gottes oder mehrerer Götter aufgefordert, zunächst einmal selbst den Beweis anzutreten, dass es ihre Glaubensgegenstände wirklich gibt. Dieses Problem des Gottesbeweises beschäftigt die Theologie nun schon eine ganze Weile, bisher ohne rechtes Ergebnis. Der Skeptiker Bertrand Russell spottete, er glaube, dass sich eine winzige Teekanne um die Sonne bewege, so klein, dass man sie auch mit dem besten Teleskop nicht erkennen könne, und forderte die Fachwelt zum Gegenbeweis auf. Er gelang nicht. Andere haben aus Ulk die „Kirche des fliegenden Spaghettimonsters" gegründet, das unser aller Schicksal bewege und dem durch das Tragen eines Nudelsiebes gehuldigt werde („Pastafarianismus"). Dem Österreicher Niko Alm ist es gelungen, die Absurdität auf die Spitze zu treiben, indem er sich mit dieser rituellen Kopfbedeckung auf seinem amtlichen Ausweis ablichten ließ. Das widersprach zwar den Bildvorschriften, aber Alm berief sich auf eine Ausnahmeregelung für Muslimas, denen es zugestanden wurde, auf dem Passbild ein Kopftuch zu tragen. Was für die eine Religion recht sei, müsse für die andere billig sein. Das offizielle Österreich folgte dieser Argumentation (diesseits.de 2011).

Gegenüber dem Atheismus ist der Agnostizismus erkenntnistheoretisch im Vorteil – denken zumindest die Agnostiker. Denn er hält sich aus der schwierigen Frage, ob es nun Götter gebe oder nicht, heraus. Für ihn sind solche Dinge mit dem menschlichen Verstand nicht zu entscheiden. Seine Anhänger empfehlen, man solle sich mit diesen Gegenständen möglichst wenig belasten, denn das führe zu nichts. Einer der Ahnherren dieser unverkrampften Geisteshaltung ist

Agnostiker halten die Frage nach Gott für nicht entscheidbar.

der vorsokratische Philosoph Protagoras, der im 5. Jahrhundert v. u. Z. lebte: „Von den Göttern vermag ich nichts festzustellen, weder, dass es sie gibt, noch, dass es sie nicht gibt, noch, was für eine Gestalt sie haben; denn vieles hindert ein Wissen darüber: die Dunkelheit der Sache und die Kürze des menschlichen Lebens" (Capelle 1968, 333).

Humanismus, verstanden als Weltanschauung von Menschen ohne Religion (s. o.), geht über die Frage nach den Göttern hinaus. Er versteht sich als naturalistische Weltanschauung, in der übernatürliche Wesen und Kräfte keinen Platz haben. Doch das ist nur seine Grundlage. Die eigentliche Frage, die er stellt, ist die nach dem gelingenden

Humanisten beschäftigen sich mit dem gelingenden Leben ohne Religion.

Leben. Was macht es aus, was ist dafür nötig? Was ist der Platz des Menschen in der Welt, was ist der Sinn seines Lebens, wie findet er sein Glück? Was kann man tun, damit er Hilfe und Zuwendung erhält, so wie er es braucht? (Wolf 2010) Die Antworten auf diese Fragen findet er in Geschichte und Kultur, durch die Wissenschaften, mithilfe des Verstandes und der Vernunft. Aufklärung ist daher das Grundideal des Humanismus.

Tipp

→ *Erziehen Sie Ihre Kinder zum Selbst-Denken! Das heißt aber auch, dass Ihre Kinder Sie mit Ihren Ansichten und Einstellungen infrage stellen dürfen. Es ist anstrengend, aber interessant. Kinder kommen auf überraschende Antworten zu Fragen, die wir Erwachsene schon lange abgehakt haben. Wenn Sie sich darauf einlassen, können Sie etwas Neues lernen.*

Wie das Leben ohne Religion gelingt

Dieses Buch ist kein Ratgeber zu allen Fragen der Erziehung. Es beschäftigt sich nur mit jenen Themen, die mit den Grundüberzeugungen eines humanistischen Menschenbildes, der Wertevermittlung und dem gelingenden Leben ohne religiöse Bezüge zu tun haben. Dafür gibt dieser Ratgeber theoretische Grundlagen und praktische Hinweise. Leider kann das nicht immer ohne Kritik an bestehenden gesetzlichen Regelungen oder kirchlichen Privilegien erfolgen, die für religionsfreie Menschen oft keine günstigen Voraussetzungen für ihren Wunsch nach Gleichberechtigung schaffen. So sind beispielsweise kirchliche Kita-Trägerschaften und religiös gefärbte öffentliche Schulen für religionsfreie Eltern und ihre Kinder ein Problem, mit dem viele von ihnen tagtäglich umgehen müssen.

Es geht um die Gleichberechtigung von religionsfreien Menschen.

Nicht alle Eltern können in einem Umfeld leben, das es ihnen gestattet, ihre Überzeugungen einfach auszuleben, sondern müssen dabei mit Hindernissen kämpfen. Dies wurde im vorliegenden Buch berücksichtigt, auch wenn dadurch für manche Leser, die davon nicht betroffen sind, an der einen oder anderen Stelle vielleicht zu viele Türen eingerannt werden, die ihnen bereits offen stehen (Kehrer 2006, 201; Storch 2003, 243 f.).

Die Autoren verstehen sich als Humanisten, die eine atheistischer, der andere agnostischer Ausprägung. Ihnen geht es nicht um den Kampf gegen Religion, sondern um die Gleichberechtigung und die Emanzipation der Religionsfreien. Deshalb richtet sich dieses Buch an alle, die ihre Kinder zu mitfühlenden, verantwortungsbewussten und selbständig urteilenden Menschen heranwachsen sehen möchten – ohne religiöse Bezüge, aber mit verlässlichen Werten, mit Toleranz und Weltoffenheit. Die Welt ist bunt, und das ist gut so: Jeder möge darin nach seiner Façon glücklich werden. Dazu möchte dieser Ratgeber einen Beitrag leisten.

Entwicklungspsycho-
logische Grundlagen
der Moralentwicklung

In diesem Kapitel geht es um die psychologischen und biologischen Voraussetzungen, die dem Kind die Entwicklung von
sozialem Verhalten und moralischem Handeln ermöglichen.

2

Die Entwicklung von Moral

Der Mensch reguliert seine sozialen Systeme durch die Entwicklung von Normen. Diese Normen sind auf Werte bezogen. Dabei macht es einen Unterschied, ob man annimmt, dass diese Werte absolut gesetzt sind, z.B. „gottgegeben", oder dass sie diskursiv entstehen und hinterfragbar sind.

Woher kommen unsere Werte?

Manche meinen, dass nur Werte, die von einer Religion vorgegeben werden und für alle gelten, tragfähig genug sind, um eine Gesellschaft zusammenzuhalten. Ja noch mehr: Der Verzicht auf religiöse Werte führe zum Verlust jeglicher Moral. Solchen Vorstellungen liegt die Annahme zugrunde, dass der Mensch den Zwang göttlicher Gebote benötige, um „gut" zu sein und nicht ins „Böse" abzugleiten.

Religionsfreien wird oft eine Moral abgesprochen.

Unterschiedliche Forschungsgebiete stellen mit überprüfbaren Erkenntnissen dieses Menschenbild nachhaltig infrage. Durch biologische Forschung wissen wir, dass der Mensch als soziales Wesen natürlicherweise auf Kooperation hin ausgelegt ist. Der Grund dafür liegt in der Evolution begründet: Zusammenarbeit in der Gruppe war (und ist) von Vorteil für das Überleben und für die Verbesserung der Lebensumstände (Junker/Paul 2009, 124 f.). Die Entwicklungspsychologie liefert uns Erklärungen dafür, wie während der Kindheit soziales Verhalten eingeübt wird und wie das Kind sich zunehmend die jeweils gültigen gesellschaftlichen Normen aneignet. Sie gibt uns auch Anregungen, wie wir uns pädagogisch sinnvoll verhalten können, um diesen Prozess zu unterstützen.

Zusammenarbeit ist natürlich und lohnt sich.

Moralisch handelt ein Mensch dann, wenn er aus freiem Willen und aus Einsicht das tut, was ihm richtig erscheint (Fenner 2012, 31 f.). Die Entwicklung dieser Fähigkeit ist abhängig von sozialen und kognitiven Fähigkeiten, genetischen Voraussetzungen sowie familiären und kulturellen Umwelteinflüssen. Kinder bringen dafür viele natürliche Voraussetzungen mit. Ihre Entwicklung ist an vielen Stellen auf andere Menschen oder auf ihre Gruppe bezogen. Sie wollen ihr Gegenüber verstehen, und sie wollen durch angepasstes Verhalten in der Gruppe gemocht werden und angesehen sein. So haben Kinder bereits ab dem vierten Lebensjahr Grundvorstellungen bezüglich einiger moralischer Regeln. Ihre Motivation, sich auch entsprechend zu verhalten, wird sich in den weiteren Jahren zunehmend ausprägen (Nunner-Winkler 1999, 91 f.; Holodynski / Oerter 2008, 578 f.).

Um zu erkennen, welche Unterstützungsmaßnahmen für das Kind vorteilhaft sind, ist die Kenntnis der Entwicklung von moralischen Vorstellungen beim Kind erforderlich.

Stufen der moralischen Entwicklung

Im zweiten Lebensjahr (mit ca. 18 Monaten) lernt das Kind, sich selbst zu erkennen. Es sagt nun „ich" und kann sich im Spiegel wiedererkennen. In diesem Alter ist das Kind in der Lage, sich mit anderen zu vergleichen. Das Kind entwickelt eine „soziale Identität" und ahmt häufig andere im Spiel nach. Dies ist die Voraussetzung für die Entwicklung von Mitgefühl, Empathie und somit auch von Moral.

Jean Piaget und Lawrence Kohlberg haben in umfangreichen Studien die Entwicklung des Moralverständnisses bei Kindern untersucht.

Piaget erkannte, dass die kindliche Moralentwicklung mehrere Stadien durchläuft: Sobald Kinder ein Regelverständnis entwickelt haben, folgen sie zunächst streng der Regelsetzung durch Autoritäten, d.h. gesetzte Regeln werden nicht hinterfragt. Doch schon bald, meist im Laufe des Vorschulalters, hinterfragen sie diese Regeln. Dann gelangen sie zu der Auffassung, dass Spielregeln miteinander vereinbart werden und begründet sein müssen. Regeln gelten durch Zustimmung und Selbstverpflichtung (Metzinger 2011, 119; Piaget 1973).

Die Moralentwicklung verläuft in Stufen.

Tipp

→ *Beobachten Sie doch einmal Ihr Kind und seine Spielgefährten beim Spielen und versuchen Sie, Piagets Feststellungen nachzuvollziehen. Wie vereinbaren sie ihre Regeln? Folgen sie ihnen einfach oder diskutieren sie darüber?*

Lawrence Kohlberg entwickelte das Stufenmodell Piagets weiter. Er fand heraus, dass Kinder ihr prosoziales, d.h. auf das Wohl der Gemeinschaft gerichtetes Urteilen verstärken, je mehr sie sich dem Jugendalter nähern. Als Methode setzte er „Dilemmageschichten" ein: Geschichten, in denen die Umstände eine mitunter schwierige Entscheidung zwischen widerstreitenden moralischen Prinzipien erforderten (Metzinger 2011, 123; Kohlberg 1996, 54 f., 93). Ein Beispiel hierfür ist die Geschichte vom „Heinz-Dilemma".

Das „Heinz-Dilemma"

▶ Im „Heinz-Dilemma" ist die Ehefrau von Heinz schwer erkrankt. Der Apotheker gibt Heinz das Medikament, das sie benötigt, jedoch nicht, denn Heinz kann dafür nicht genügend Geld bezahlen. Darf Heinz in die Apotheke einbrechen und das Medikament stehlen?

Tipp

→ *Passen Sie Erklärungen und Begründungen von Regeln dem Entwicklungsstand Ihres Kindes an. Lassen Sie ihm dabei einen gewissen Ermessenspielraum für eigene Entscheidungen.*

Auch Folgestudien bestätigten Kohlbergs Grundthese, der zufolge das moralische Urteilen von Kindern mit zunehmendem Alter kreativer und allgemeiner wird und dabei immer stärker auf verinnerlichten Prinzipien und Werten beruht (Siegler et al. 2011, 547). Wie auch Piaget untersuchte Kohlberg jedoch lediglich das moralische Urteilen, nicht das daraus abgeleitete (oder eben nicht abgeleitete) Handeln. Ein Kind mag zwar das in der jeweiligen Situation angemessene Verhalten erkennen, das heißt aber noch nicht, dass es auch entsprechend handelt.

Beispiel

Der fünfjährige Klaus hat seinen Freund Peter im Streit um ein Spielzeug geschlagen. Als die Erzieherin ihn ermahnt und fragt, was er besser getan hätte, weiß er sofort die richtige

Antwort: Sich mit Peter mit Worten auseinandersetzen, nicht mit Schlägen. Zu wissen, was richtig ist, hat ihn nicht davon abgehalten, eine andere Handlungsentscheidung zu treffen.

Das moralische Selbst

Das moralische Selbst bringt Urteilen und Handeln in Übereinstimmung.

Um eine angemessene Übereinstimmung zwischen Urteil und Handeln zu entwickeln, muss der Aufbau eines moralischen Selbst erfolgen. Unter dem moralischen Selbst wird das Bewusstsein des Kindes von sich selbst als Urteilendem verstanden. Durch eigene Urteile wird das Urteilsvermögen immer weiter modifiziert und entwickelt. Das Kind erkennt zunehmend das moralisch Richtige und führt es aus (Montada 2008, 601).

Zudem ist das Kind immer mehr im Stande, widerstreitende Normvorstellungen zu reflektieren und die Geltung von Geboten und Verboten selbstbestimmt zu beurteilen. Der junge Mensch hat gelernt, sein Handeln aus moralischer Überzeugung selbst zu wählen und zu hinterfragen (Montada 2008, 586).

Tipp

→ *Moralentwicklung ist keine Einbahnstraße. Auch Kinder beeinflussen mit neuen Ideen und Auffassungen die Moralentwicklung der Eltern. Das ist Teil des gesellschaftlichen Fortschritts. Sie werden überrascht sein, was Sie von Ihren Kindern alles lernen können, wenn Sie es zulassen!*

Eine Grundvoraussetzung hierfür ist, dass Kinder empathisch die Folgen ihres Handelns auf andere nachvollziehen können. Dann können die Bewertungen durch andere erkannt werden, was wiederum in den Selbstbewertungsprozess eingeht. Dies kann sich positiv auf die Motivation zur Normeinhaltung auswirken und zur – abermals fortschreitenden – Verinnerlichung beitragen (Montada 2008, 604).

Moral und Gehirn

Das moralische Urteilen hängt von bestimmten Funktionen des Gehirns ab. Die Anlage zu moralischem Verhalten scheint bereits angeboren zu sein. Dafür spricht u.a., dass die grundlegenden

Unser Gehirn hat einen moralischen Kompass.

moralischen Auffassungen (z.B. Fairness, Rücksicht, Mitgefühl, Scham, Schuld) in allen Kulturen übereinstimmen. Der Verhaltensforscher Frans de Waal spricht sogar von einem angeborenen „Kompass für Lebensentscheidungen", durch den der Mensch die Interessen der gesamten Gemeinschaft bei seinem moralischen Verhalten berücksichtige (de Waal 2008, 78).

Eine „Hardware" für moralische Entscheidungen ist also offenbar bei jedem Kind angelegt. Ob das Kind die Achtung vor der Freiheit und Selbstbestimmung des Anderen entwickelt und durch die Verwirklichung von Moralität zum gelingenden Leben findet, hängt von sozialen Einflüssen ab. Für die Erziehung folgt daraus, dass

Ein positives Umfeld begünstigt die Moralentwicklung.

- die Moralentwicklung vom kindlichen Gehirn unterstützt wird,
- aber dennoch aktiv angeregt und eingeübt werden muss, um sich gut zu entfalten,
- und dadurch wieder neue Verschaltungen für weitere Entwicklung entstehen.

Tipp

→ *Respektieren Sie möglichst früh die Meinung Ihres Kindes. Sie können das an ganz alltäglichen Ereignissen trainieren, die gar nichts mit Religion und Weltanschauung zu tun haben. Vermeiden Sie z.B. Pauschalaussagen wie: „Das hat doch gar nicht weh getan", wenn sich das Kind irgendwo angeschlagen hat und erkennbar anderer Meinung ist. Denn die Entwicklung eines eigenen Standpunktes setzt auch das Selbstbewusstsein voraus, die eigenen Empfindungen zu erspüren und aussprechen zu können.*

Die Verinnerlichung von Moral

Die ersten vier bis fünf Lebensjahre sind für Kinder besonders prägend. In diesem Alter sind einige grundlegende moralische Regeln bereits erworben worden, die dann weiter entwickelt werden. In den folgenden Jahren geht es darum, die Motivation zur Einhaltung und zur Verinnerlichung dieser Regeln zu verstärken.

Tipp

→ *Begründen Sie Regeln und Normen argumentativ und ohne Druck oder Nötigung. Führen Sie bei Gewissensfragen einen moralischen Diskurs mit Ihren Kindern.*

Moralvorstellungen gelten dann als verinnerlicht, wenn sie ohne äußere Kontrolle, sozusagen von selbst beim Urteilen gelten und in ein entsprechendes moralisches Handeln umgesetzt werden. Diese „Internalisierung" wird erreicht durch:

Konditionierung: Erwünschtes Verhalten wird sukzessiv immer seltener belohnt. Dadurch soll die von außen kommende Belohnung durch von innen kommende positive Gefühle ersetzt werden.

Identifikation: Moralisches Verhalten kann auch durch Beobachtung einer Person erlernt werden, mit der sich das Kind identifiziert. Diese Identifizierung liegt nahe bei Menschen, die für das Kind von großer Bedeutung sind.

Sozialisation: Die erste Instanz der moralischen Sozialisation ist die Familie. Verschiedene Erziehungsstile wirken sich dabei unterschiedlich aus, wie zwei Beispiele zeigen:

Das richtige Verhalten erfolgt durch Einsicht, nicht durch Angst.

- Ein machtausübender, autoritärer Erziehungsstil ist auf die Vermittlung und unmittelbare Befolgung gesetzter Regeln ausgelegt und sieht harte Strafen bei Missachtung der Regeln vor. Ein strafender Erziehungsstil verhindert die Internalisierung von Normen eher. Eine besondere Form von Strafe kann ein „Liebesentzug" sein, d. h. die Abweisung von kindlichen Kontaktwünschen als Ausdruck von Enttäuschung. Als Folge könnte das Kind eine ängstliche und starre Moralvorstellung entwickeln, Kritik vermeiden und Verantwortung möglichst ablehnen wollen.

- In einem induktiven, partnerschaftlichen Erziehungsstil, der auf die Einsicht des Kindes setzt, handeln Eltern unterstützend bei der Moralentwicklung ihrer Kinder. Durch Argumentation trainieren sie das Einsichtsvermögen des Kindes. Sie ermöglichen dem Kind Freiheit innerhalb von bestimmten und erkennbaren Grenzen. Dieser Erziehungsstil unterstützt die Moralentwicklung der Kinder und die Bereitschaft, Verantwortung zu übernehmen (Montada 2008, 582 ff.).

Tipp

→ *Appellieren Sie mithilfe von Argumentationen an das Einsichtsvermögen Ihres Kindes. Sie sollten aber nicht nur gute Argumente kennen, warum Ihre Kinder eine Regel einhalten sollten, sondern auch aktiv zuhören, welche Gedanken sich Ihre Kinder selbst dazu machen. Das bedeutet auch nachzufragen, selbst wenn die Kinder nicht widersprechen, um ihre Gedanken dazu zu erfahren. Achtung: Manchmal haben die Kinder die besseren Argumente!*

Normenvermittlung außerhalb der Familie: Alle sozialen Gruppen außerhalb der Familie können Einfluss ausüben. Im Laufe der Kindheit und vor allem der Jugend gewinnen Gleichaltrige bzw. Gleichgesinnte an Bedeutung. Vor allem Kinder und Jugendliche, die sich von ihren Familien distanzieren wollen, suchen alternative Wertorientierungen. Je konfliktreicher die familiäre Beziehung ist, desto eher werden Alternativen gesucht.

Bestrafen hilft nichts

▶ Häufige Bestrafungen gehen mit einem weniger gereiften moralischen Denken einher (Siegler et al. 2011, 541). So zeigte sich, dass ein autoritärer Umgang von Müttern mit ihren 22 Monate alten Kindern negative Auswirkungen auf die Entwicklung von Schuldgefühlen dieser Kinder mit 33 Monaten hatte. Umgekehrt wirkte sich ein unterstützender und weniger autoritärer Erziehungsstil positiv auf die Fähigkeit aus, Schuld zu empfinden und somit einen sozial verträglichen Umgang mit den eigenen Aggressionen zu entwickeln. Indem Kinder die Erfahrung machen, dass ihr eigener innerer psychischer Zustand durch einen anderen verstanden wurde, erlernen Kinder das Verstehen der eigenen wie auch fremder mentaler Zustände (Steinböck 2007, 224 ff.). Im Übrigen zeigen Bestrafungen keine Verhaltensalternativen auf, und sie garantieren keine Steigerung der Einsicht (Montada 2008, 582).

Tipp

→ *Zuwendung hilft bei der Moralentwicklung, strafendes Verhalten behindert sie.*

Prosoziales Verhalten als Erziehungsziel

Die Entwicklung prosozialen Verhaltens beim Kind gilt als übergreifendes Erziehungsziel. Verhalten ist dann prosozial, wenn das Kind absichtlich etwas tut, das einem anderen nützlich ist – ihm hilft, etwas mit einem anderen teilt oder ihn tröstet. Es tritt erstmals im zweiten Lebensjahr auf und hängt mit der Fähigkeit zur Übernahme der Perspektive anderer zusammen.

Prosoziales Verhalten wird durch den Erziehungsstil beeinflusst.

Hierbei können angeborene Fähigkeiten eine Rolle spielen, aber auch der Erziehungsstil der Eltern. Die Qualität der Eltern-Kind-Beziehung, der Einsatz der pädagogischen Mittel im Umgang mit dem Kind, das Verhalten der Identifikationsfiguren und auch kulturell bedingte Erwartungen wirken sich darauf aus.

Tipp

→ *Ermuntern Sie Ihre Kinder zu prosozialem Verhalten. Ihre Kinder werden mehr Anerkennung finden, wenn sie sich sozial angemessen verhalten können. Das wird sich auch auf die Entwicklung eines gesunden Selbstbewusstseins auswirken. Dies ist nicht gleichbedeutend damit, immer den Erwartungen zu entsprechen. Es geht darum, ein eigenes Gefühl für richtig oder falsch zu entwickeln.*

Das Kind hat den natürlichen Wunsch, einer Gemeinschaft anzugehören.

Der Wunsch nach positiven sozialen Beziehungen ist dem Kind angeboren. Sie führen zur Ausschüttung eines Botenstoffes im Gehirn, was eine angenehme Empfindung mit sich bringt. Gelungene Sozialisation und angemessenes Verhalten werden also von der Natur des Kindes gefördert. In der Frühphase der Individualentwicklung bedarf es aber einer synaptischen Entwicklung, um das angeborene und genetisch bedingte Bedürfnis nach motivierenden und aktivierenden sozialen Beziehungen auszuprägen. Ohne die entsprechende Anregung dieser Entwicklung durch Zuwendung bleiben diese Fähigkeiten ungenutzt oder verkümmern (Speck 2009, 137).

Den anderen verstehen

Kinder müssen lernen, die Gefühle von anderen zu verstehen.

Die Absicht, sich in andere Personen zu versetzen und somit deren Gedanken, Gefühle, Vorhaben und Taten zu verstehen, wird in der neueren Psychologie mit dem Begriff „Theory of Mind" bezeichnet. Dabei geht es um mehr als nur empathisches Mitfühlen. Vielmehr entstehen dadurch auch Strategien, mit denen das eigene Handeln an die soziale Umwelt angepasst wird. Ohne ein differenziertes Verständnis der Perspektive anderer Menschen entwickeln sich weder Mitgefühl noch Toleranz, Rücksicht, Solidarität oder Respekt (Förstl 2007, 4).

Die „Theory of Mind" ist auch die Voraussetzung dafür, dass der Mensch zwischenmenschliche Anerkennung, Wertschätzung, Zuwendung und Zuneigung finden und geben kann. Dies macht einen wesentlichen Teil seiner Motivation zum Handeln aus, denn der Mensch ist ein auf soziale Resonanz und Kooperation ausgelegtes Wesen (Junker / Paul 2009, 124).

Tipp

→ *Regen Sie Ihr Kind immer wieder an, sich in andere hineinzuversetzen, um deren Wünsche und Bedürfnisse zu verstehen.*

Hirnphysiologisch spielen offenbar sogenannte Spiegelneuronen bei der Fähigkeit zur Perspektivenübernahme eine große Rolle. Sie wurden Anfang des 21. Jahrhunderts beim Menschen nachgewiesenen. Empathie ist also eine natürliche Funktion des Gehirns (Rizzolatti / Sinigaglia 2012, 185 ff.). Für den erzieherischen Kontext ist bedeutsam, dass die Spiegelneuronen wesentlich weniger durch Bilder oder Filme angeregt werden als durch tatsächlich erlebte Personen bzw. Situationen (Speck 2009, 139 ff.).

Anstatt fernzusehen sollten Kinder „echte" soziale Situationen erleben.

Mit zunehmendem Alter wird die Fähigkeit, ein moralisches Urteil fällen zu können, ausgeprägter. Das Denken beruht dann stärker auf internalisierten Prinzipien und Werten. Ab dem Beginn der Jugend kommt immer stärker der Einfluss von Gleichaltrigen dazu. Selbst wenn es manchmal den Anschein hat, dass pubertierende Kinder ihre sozialen Fähigkeiten völlig vergessen hätten: Auch in dieser Phase wird der / die Jugendliche von den bisherigen Erfahrungen profitieren. Vor allem wenn er / sie gelernt hat, argumentativ Konflikte zu lösen – auch mit den Eltern.

Argumentationshilfen für eine religionsfreie Erziehung

Gelegentlich wird der Eindruck erweckt, als ob Religion für die kindliche Entwicklung große Vorteile brächte. Nicht selten werden Eltern, die sich für eine religionsfreie Erziehung ihrer Kinder entscheiden, im Freundes- und Verwandtenkreis mit dieser Meinung konfrontiert. Theologen sprechen sogar von einem Recht des Kindes auf Religion. Zur Untermauerung dieses Anspruchs werden Untersuchungen angeführt, in denen diese Vorteile bewiesen würden. Aber ist das tatsächlich so?

3

Religiosität und Spiritualität

Religiosität und Spiritualität sind nicht dasselbe. Religiosität bezeichnet eine Einstellung, der die Annahme einer Gottesexistenz zugrunde liegt. Spiritualität dagegen ist begrifflich offener gefasst und beschreibt eine geistige Orientierung hin zum Transzendenten oder dem Unendlichen. Darüber hinaus assoziiert Religion eher die Vorstellung einer kulturellen Prägung und – zumindest in westlichen Ländern – der institutionellen Organisation Kirche, während Spiritualität mehr auf eine persönliche und einzelne Religionen übersteigende Haltung abhebt (Bucher / Oser 2008, 608).

Spiritualität nimmt zu, Religiosität nimmt ab.

In der modernen westlichen Gesellschaft gibt es eine Vielzahl von Weltanschauungen. Insbesondere spirituelle Angebote jenseits der Kirchen haben in Mitteleuropa Zulauf, während die klassischen Religionen an Zuspruch verlieren.

Der Philosoph Herbert Schnädelbach urteilt sogar: „Religion kommt nur noch als Spiritualität, als persönlicher Wellness-Lieferant in Nachfrage. Vieles spricht dafür, dass wir uns in einer postreligiösen Phase der kulturellen Entwicklung befinden" (Schnädelbach 2011, 246). Bei manchen der öffentlichen Verteidigungen der Religion dürfte es sich also bereits um „Rückzugsgefechte" handeln. Das Phänomen „Spiritualität" ist damit aber nicht erledigt (Newberg et al. 2003, 233). Im Gegenteil: Es gibt sogar relgionsfreie Philosophen, die für eine „atheistische Spiritualität" eintreten (Kahl 2005, 94 f.).

Macht Religion gesünder?

Verschiedene Studien kommen zu dem Ergebnis, dass spirituelle bzw. religiöse Menschen eine gesündere Allgemeinverfassung (psychisch ebenso wie physisch) aufwiesen und bereits in Jugendjahren leichter mit Krisen zurechtkämen (Bucher / Oser 2008, 617). Oftmals werden solche Befunde auf die Religiosität selbst zurückgeführt. Doch diese Verbindung ist alles andere als zwingend. Mit dem gleichen Recht könnte man aus statistischen Daten, nach denen religionsfreie Menschen durchschnittlich einen höheren Schulabschluss haben als religiöse, schließen, dass Atheismus klug macht (fowid 2005). In Wahrheit sind viele unterschiedliche Faktoren für solche Phänomene verantwortlich. Religiöse Menschen folgen – jenseits ihrer Glaubenshaltung – oft einem gesundheitspsychologisch vorteilhaften Lebensstil, sind z.B. stärker sozial vernetzt oder befolgen bestimmte Ernährungsanweisungen. Diese Vorteile bei der Lebensführung können jedoch auch ohne Religion erreicht werden. Bei seriöser wissenschaftlicher Untersuchung müssten somit auch andere Variablen im Leben der Probanden mit einbezogen werden (Möller 2007, 167).

Religion macht so gesund wie Atheismus klug macht.

Zu einem ähnlichen Ergebnis kommt man sowohl was den Verlauf einer schweren Erkrankung betrifft als auch bei der Frage der allgemeinen Lebenszufriedenheit. Bei beiden Themen konnte keine Beziehung zur Religiosität der Testpersonen festgestellt werden. Bisher liegen nicht genügend Studien vor, die ernstzunehmende und seriöse Schlüsse zur Auswirkung von Religiosität auf die Gesundheit zulassen. Zu bedenken gilt es auch, dass viele dieser Studien an theologischen Fakultäten durchgeführt werden, die geneigt sein dürften nachzuweisen, warum Religion wichtig und der Gesundheit förderlich ist. Unabhängige religionskundliche Forschung gibt es dagegen deutlich weniger.

Medizinpsychologisch lassen sich allerdings durchaus einige Persönlichkeitsmerkmale herausarbeiten, die bei der Lebensführung allgemein und bei der Bewältigung von Krankheiten gesundheitsförderlich wirken:

- die allgemeine Überzeugung, das Geschehen selbst beeinflussen zu können, also keine schicksalsergebene Haltung einzunehmen oder den Kampf gegen die Krankheit aufzugeben,
- die Erwartung, dass die Dinge in einem positiven Ergebnis enden werden, also ein gewisser Grundoptimismus,
- die Annahme von Veränderungen und die Aktivierung von Ressourcen zur Lösung von Schwierigkeiten (konstruktives Coping),
- die Überzeugung, dass das Leben bedeutsam und sinnvoll ist (Möller 2007, 167).

Das Erleben von Selbstwirksamkeit ist gesundheitsfördernd.

Alle diese Merkmale können bestens im Rahmen einer religionsfreien Erziehung ausgeprägt werden und sind nicht zwingend mit Religiosität verbunden. In der einen oder anderen Form haben sie mit der Selbstwirksamkeitsannahme einer Person zu tun, d. h., wie sehr sie an ihre eigenen Kräfte und Möglichkeiten glaubt. In einem religionsfreien Verständnis ist es der Mensch allein, der Berge versetzen kann, wenn er sich das zutraut und angemessen viel Energie zur Umsetzung bereitstellt.

Tipp

→ *Vermitteln Sie Ihren Kindern möglichst viel Selbstwirksamkeitserlebnisse und stärken Sie so ihr Selbstbewusstsein, damit sie lernen, auf ihre Fähigkeiten zu vertrauen.*

Ist die „magische" Phase eine „religiöse" Phase?

Verschiedene entwicklungspsychologische Ansätze stellen die Entwicklung der moralischen Welt von Kindern in Stufenmodellen dar (*Kap. 2*). Daran knüpfte auch die theologische Forschung an. So baute z. B. der Theologe Werner Gruehn 1956 auf dem klassischen Modell von Piaget auf und veröffentlichte ein eigenes Modell der religiösen Entwicklung des Kindes (Gruehn 1956).

Es ist insofern von Bedeutung, als es die Vorstellung einer „magischen Stufe" in der Entwicklung von Kindern propagierte. Sie sei vom 4. bis 7. Lebensjahr zu beobachten. In dieser Phase glauben die Kinder, die Welt sei allgemein belebt und könne durch ihren Willen beeinflusst werden. Der Glaube an die unmittelbare Wirksamkeit von Gebeten hängt mit dieser Stufe zusammen (Bucher / Oser 2008, 610).

Religionspsychologen hoffen auf eine natürliche Verankerung der Religiosität.

Inzwischen gibt es theologische Deutungen, die diese Phase als „präspirituell" einstufen möchten. Vor allem der methodistische Geistliche James Fowler, der sich in vielbeachteten Studien mit der Entwicklung von Religiosität befasst hat, erkennt diese sensible Phase als den Zeitpunkt, zu dem sich das Kind durch die Beeinflussung von nahestehenden Erwachsenen am nachhaltigsten prägen lässt (Heller et al. 2012, 49).

Zwischen 3 und 6 Jahren lassen sich Kinder am leichtesten religiös beeinflussen.

Die „magische Phase" ist auch heute noch in vielen pädagogischen Theorien anzutreffen. Eine vermeintliche besondere Fähigkeit von Kindern, eine göttliche Verbindung zu „erspüren", ist allerdings durch seriöse entwicklungspsychologische Studien bisher nicht belegt worden. Vielmehr wird eine Phase im Leben von Kindern bis ca. sechs Jahren beschrieben, in der sie an die Wirksamkeit ihrer Vorstellungen und Wünsche glauben, Zauberei für möglich halten und denken, dass der Osterhase tatsächlich existiert, oder dass man sich ein bestimmtes Geburtstagsgeschenk herbeiwünschen kann. Diese Weltvorstellung entspricht einem bestimmten entwicklungspsychologischen Stand. Auch Kinder, die nicht religiös erzogen oder sozialisiert sind, durchlaufen eine magische Phase, die jedoch nicht in Religiosität mündet.

Ist Gott biologisch verankert?

Neben der Entwicklungspsychologie wurde auch die Gen- und Gehirnforschung als Spielfeld für ein theologisches Erkenntnisinteresse entdeckt. In der Gehirnforschung entstand sogar eine neue Disziplin: die „Neurotheologie". Handelt es sich dabei aber wirklich um biologische „Gottesbeweise"?

Das „Gottesmodul": Der kalifornische Neuropsychologe Vilaynur S. Ramachandran lokalisierte durch moderne bildgebende Diagnoseverfahren in bestimmten Arealen des oberen Schläfenlappens bei spirituellen Erlebnissen außerordentliche neuronale Aktivitäten. Er sprach dabei von einem „Gottesmodul" des Gehirns. Einen Hinweis darauf, dass diese Hirnregion in einem Zusammenhang mit religiösen Erfahrungen steht, liefert auch der Umstand, dass ca. 38 % der Patienten mit Schläfenlappenepilepsie über intensive religiöse Erfahrungen berichten. Bei einer Temporallappenepilepsie erscheint Gott sogar oft persönlich und spricht mit dem Betroffenen. Dies geht einher mit intensiven Wahrheits- und Erkenntnisgefühlen. Allerdings ergaben andere, ähnlich ge-

Patienten mit Schläfenlappenepilepsie berichten oft über mystische Erfahrungen.

lagerte Untersuchungen, dass religiöse Erlebnisse nicht auf eine einzige Hirnregion oder ein „Gottesmodul" beschränkt sind, sondern mehrere Hirnregionen aktivieren (Schmidbauer 2007, 115 ff.; Vaas / Blume 2012, 188).

Der „Gotteshelm": Der Psychologe Michael A. Persinger führte an der Laurentian-Universität im kanadischen Sudbury eines der meistbeachteten Experimente der „Neurotheologie" durch. Er konstruierte einen Helm, der durch Magnetfelderzeugung den Schläfenlappen der Probanden anregt. Sie hatten daraufhin religiös-spirituelle Erlebnisse. Auch Atheisten erlebten dabei eine Verbundenheit mit dem Universum, hatten Out-of-Body-Erlebnisse oder berichteten von dem Gefühl der Anwesenheit einer anderen Person. Persingers Versuche sind allerdings hoch umstritten. In Vergleichsstudien konnten seine Ergebnisse nicht bestätigt werden. Vielmehr scheint es sich um einen Placebo-Effekt zu handeln, der aus der Versuchsanordnung und der Laboratmosphäre kommt: Wer etwas spüren will, spürt etwas, egal ob der Helm überhaupt aktiviert ist. Auch der Evolutionsbiologe Richard Dawkins testete den „Gotteshelm" bei einem Besuch in Sudbury, mit enttäuschendem Ergebnis: Er habe gar nichts gespürt (Schmidbauer 2007, 115; Bucher / Oser 2008, 614; Vaas / Blume 2012, 192; Schnabel 2008, 187).

Die Neurotheologie sucht Gott im Gehirn.

Das „spirituelle Gehirn": Der amerikanische Arzt und Religionswissenschaftler Andrew Newberg gilt als einer der führenden Vertreter der „Neurotheologie". Newberg beobachtete Veränderungen in der Hirnaktivität bei meditierenden oder betenden Personen. Dabei konnte nachgewiesen werden, dass das Gefühl der Entgrenzung und der Ich-Auflösung, von der religiöse Menschen

Neuronal betrachtet weisen religiöse Erlebnisse Parallelen zu sexuellen Erlebnissen auf.

berichten (das „ozeanische Gefühl", wie es Schriftsteller Romain Rolland in einem Brief an Sigmund Freud ausdrückte), offenbar auf eine drastisch verminderte Aktivität des „Orientierungs- felds" des Gehirns zurückzuführen ist. Dieses sorgt für die Ab- grenzung von Selbst und Umwelt und bearbeitet das Raumge- fühl (Newberg et al. 2003, 44; Schmidbauer 2007, 65). Die daraus resultierende mangelnde Unterscheidung zwischen sich und der Umwelt scheint bei den Probanden Gefühle der Verschmel- zung mit der „Ganzheit" ausgelöst zu haben. Ähnliche spirituel- le Erfahrungen konnten auch bei Drogenexperimenten und bei Epileptikern während eines Anfalls beobachtet werden. Religiö- se Ekstase wäre demnach nicht etwa eine besondere Begabung, sondern auf eine Unterfunktion von bestimmten Hirnarealen zurückzuführen. Ähnliches tritt auch beim Orgasmus auf. Re- ligiosität baut demzufolge auf neuronalen Mechanismen auf, welche auch für das Erleben von sexuellen Empfindungen zu- ständig sind.

„Gottesgene": Auch die Genforschung beschäftigt sich mit den möglichen biologischen Ursachen für Gläubigkeit. So ermittel- te der Biologe Dean Hamer anhand der Analyse von Erbmateri- al und Befragungen der Probanden ein sog. „Gottesgen". VMAT2 – so der Name dieses Gens – codiert einen Botenstoff, der Auswirkun- gen auf das Bewusstsein und die Emotionen hat. Jedoch betont Hamer, dass mit einer genetischen Verankerung der Spiritualität noch keinerlei Aussagen über ihre Inhalte und Ziele oder ihren Nutzen gemacht wären (Vaas / Blume 2012, 110 f.).

Vielleicht ist Religiosität vererbbar.

Hamers Forschungen sind in der Fachwelt allerdings hoch um- stritten. Immerhin scheint es zumindest irgendeinen Zusam- menhang zwischen bestimmten Botenstoffen und religiösen

Empfindungen zu geben. So verlieren z.B. Alzheimer-Erkrankte, in deren Gehirn krankheitsbedingt die Dopaminausschüttung gestört ist, auch jegliches Interesse an Religion, selbst wenn sie vorher sehr gläubig waren (Schnabel 2008, 57).

Alle Religionen gründen somit auf der neurologischen und genetischen Veranlagung des Menschen und in der spezifischen Funktionsweise des Gehirns. Die einzelnen religiösen Phänomene sind kulturelle und historische Ausprägungen davon. Ob es einen Gott gibt oder nicht, kann weder die Genetik noch die Neurologie entscheiden (Newberg et al. 2003, 233; Vaas / Blume 2012, 111). Ein Schluss allerdings drängt sich schon auf: Religionsfreie Menschen leiden nicht etwa einen Mangel an „religiöser Musikalität" (Jürgen Habermas), sondern sie sind schlichtweg „ganz bei Sinnen".

Religion und Pädagogik

Grundlegende moralische Regeln werden bereits im Vorschulalter verinnerlicht. Somit kommt dieser Phase im Leben eines Kindes für die Hinführung zur Religion eine besondere Bedeutung zu. Es verwundert daher nicht, dass in den pädagogischen Konzeptionen von Kindertagesstätten in kirchlicher Trägerschaft die religiöse Unterweisung als wichtiger Bestandteil der pädagogischen Arbeit verankert ist. Dass dies ein möglicher Weg ist,

Ohne Vermittlung keine Religion.

eine emotionale Bindung an die Institution Kirche zu vermitteln, liegt auf der Hand. Auch im Erwachsenenalter besteht häufig noch eine emotionale Bindung an die Kirche. Dies zeigt sich daran, dass viele Erwachsene vom „schlechten Gewissen" berichten, das sie bei ihrem Kirchenaustritt hatten (Lorenz 2009).

Religion muss vermittelt werden, denn sie ist kein „Selbstläufer". Glaubensinhalte sind Büchern und Überlieferungen entnommen, und sie werden gelehrt und durch religiöse Praxis vorgelebt. Ohne diese Vermittlung wäre das Ende vieler Religionen vorprogrammiert. Kinder würden Götter und andere Fabelwesen (wie Osterhasen, Weihnachtsmänner, Zahnfeen etc.) nicht von sich aus genau so wiedererfinden, wenn sie ihnen nicht vorher von Erwachsenen nahegelegt worden wären (Schnabel 2008, 345).

Religion schadet doch nichts!?

Die Meinung, dass ein bisschen Religion doch nichts schaden könne, ist weit verbreitet. So finden manche Religionslehrer nichts dabei, wenn sie auch religionsfreie Kinder in ihren Klassen haben, und die Kindergartenerzieherin will mit dem Kindergottesdienst ja auch nur das Beste für das Kind. Doch es gibt einige Gründe, aus denen heraus man aus einer religionsfreien Perspektive durchaus Vorbehalte gegen diese Einstellung haben kann.

Religionsfreiheit wird missachtet: Das vermeintliche Recht der Kinder auf Religion ist eine Behauptung von Gläubigen. Gemeint ist damit wohl häufiger der Wunsch einiger Glaubensgemeinschaften, einen Zugriff auf alle Kinder haben zu dürfen. Der Grund dafür ist einfach: Manche Religionen sind vor allem deshalb so verbreitet, weil es ein Teil ihrer Lehre ist, für eine möglichst weitreichende Verbreitung ihres Glaubens zu sorgen. Dies trifft vor allem auf das Christentum zu. Hier ist die Mission eine Aufgabe jedes Gläubigen. Mit diesem Auftrag ist auch das kirchliche Engagement im päd-

Religionsfreiheit kann auch Freiheit von Religion heißen.

agogischen Bereich verbunden. „Sammeln und Senden" ist ein selbsterklärtes Ziel der Religionspädagogik (Hugoth 2012, 163). Eine solche Einstellung achtet zwangsläufig die abweichende Meinung eines anderen gering, denn sie meint sich im Besitz einer besseren Wahrheit.

Religionsfreie werden verunsichert: Die Entwicklungspsychologie und die Hirnforschung haben uns gezeigt, dass es bei der Entwicklung von moralischen Vorstellungen vor allem um das Ausbilden einer positiven Selbstwirksamkeitsannahme geht. Jedoch wird in der religiösen Unterweisung diese Selbstwirksamkeit immer nur in Abhängigkeit von Glaubensfragen vermittelt: Wenn ich gottgefällig lebe, bete etc., dann werde ich ein erfülltes Leben führen. Andere Sichtweisen werden nicht als Möglichkeit, geschweige denn als ansprechendes Angebot erlebbar. Somit kann das Kind nur diese eine Perspektive trainieren und verinnerlichen. Zumindest für religionsfreie Kinder entsteht so aber die Gefahr, dass ihre Selbstwirksamkeitsannahme beeinträchtigt wird, denn diese Perspektive entspricht nicht ihren Überzeugungen oder denen ihrer Umwelt.

> **In religiösen Einrichtungen wird Religiosität oft als einzig richtiger Weg vermittelt.**

Religionsfreie werden ausgegrenzt: Wenn Vielfalt in der Religionspädagogik zugelassen werden würde, könnten absolute Wahrheitsansprüche nicht aufrechterhalten werden. Deshalb achten die Religionsgemeinschaften darauf, dass die religiöse Unterweisung entweder nur in homogenen Gruppen stattfindet oder, wenn sie sich an alle richtet, ihren Wahrheitsanspruch nicht aufgibt. Dann aber wird sie zur Mission. Andersdenkende und Andersglaubende werden zwar zunehmend eingeladen, an religiösen Angeboten teilzu-

> **Religion schafft ein Wir-Gefühl, das auf Kosten anderer gehen kann.**

haben (z. B. nehmen evangelische oder katholische Kindertagesstätten auch nicht getaufte bzw. religionsfreie Kinder auf), aber deshalb wird eine alternative Perspektive noch lange nicht als gleichberechtigt akzeptiert. Vielmehr wird den Kindern Religion schmackhaft gemacht, und andere Lebenseinstellungen erscheinen eher als Normabweichung – evtl. auch mit einem abschreckenden Unterton (Nicht-Religiosität als Mangel). Dass die dort tätigen Pädagogen Mitglied der entsprechenden Kirche sein müssen, untermauert diese Absichten.

Mangelnde Offenheit für Religionsfreie: „Manche unserer Mitschüler haben unterschiedliche Glaubensvorstellungen und manche haben eine Weltanschauung. Wir diskutieren das Für und Wider, oder lernen durch das Schätzen der Vielfalt eine eigene Meinung zu entwickeln" – solche pädagogischen Haltungen sind der Religionspädagogik eher fremd. Doch eine fundierte eigene Meinung setzt das ungefärbte Kennen und Verstehen voraus. Das ist z. B. möglich, wenn Gleichaltrige zusammensitzen und erzählen, warum sie welche Meinung vertreten oder wenn ein Kindergartenfreund erzählen darf, welche philosophischen Gedanken er sich zum Thema Tod und Sterben oder zur Freundschaft macht. Das setzt aber eine pädagogische Grundhaltung voraus, in dem die Kinder mit ihren Auffassungen und Hintergründen alle gleich ernst genommen werden.

Eine Offenheit für weltanschauliche Vielfalt fehlt häufig.

Organisierte Ungerechtigkeit: Nur wer das Richtige glaubt, bekommt, was er braucht. Das ist eine häufige Folge der Privilegierung von Religionsgemeinschaften im Bildungswesen – von der Kita bis zur Schule. Sie dominieren soziale Trägerschaften und Werteunterrichte, und ihre Symbolwelt prägt sich im Schulleben auch der öffentlichen Schulen aus. Doch auch religionsfreie

Kinder haben spezifische Bedürfnisse. Nicht für alle Kinder sind religiöse Antworten auf grundlegende Fragen des Lebens tragfähig. In pädagogischen Institutionen wird aber nur selten ein religionsneutrales, offenes Angebot bereitgestellt. Zunehmend erkennen auch religiöse Kreise die darin liegende Ungerechtigkeit des Systems. Innerhalb der Kirchen wird deshalb z. B. die Diskussion um den Religionsunterricht lauter. Dieser wird auch dort zunehmend als ein veraltetes Privileg der Kirchen betrachtet, das mit Recht in die gesellschaftliche Kritik gerät (Heller et al. 2012, 11).

Einige Religionen werden staatlich privilegiert.

Angesichts der stetigen Zunahme von säkular lebenden Menschen in Mitteleuropa entbehrt der hohe Anteil der religiösen Trägerschaften auch bei neuerrichteten pädagogischen Einrichtungen aber jeder Berechtigung. Auch die Interessen der Religionsfreien müssen im Bildungsbereich angemessen berücksichtigt werden. Die Religionspädagogik hat dabei nicht die richtigen Antworten.

Drei Plädoyers

Für die Vielfalt

Kinder können in die Lage versetzt werden, viele unterschiedliche Wert- und Glaubensvorstellungen kennenzulernen, um eine mündige, individuell angemessene, eigene Perspektive zu entwickeln. Das ist wahre Aufklärung: sich des eigenen Verstandes zu bedienen. Aufklärerische, humanistische Pädagogik ermöglicht den Kindern diese Selbstbestimmung.

Kinder sollten selbst entscheiden dürfen.

Die Entscheidung, ob sie ein religiöses, spirituelles oder selbstverantwortetes Leben führen wollen, sollte den Familien und – vor allem – den Kindern selbst überlassen sein. Da die Neigung zur Religiosität vielleicht angeboren bzw. vererbt sein könnte, ist womöglich auch Freiheit von Religion ein angeborenes, vererbtes Bedürfnis eines Individuums. **Religion sollte daher weder eingeredet noch ausgeredet werden.**

Eine identitätsstiftende und moralfördernde Kultur, die verbindlich und integrierend wirkt, ist in Zeiten zunehmender Globalisierung ohnehin ein Anspruch, dem unsere Gesellschaft immer mehr gerecht werden muss. Das Verbindende sollte gesucht und gefunden werden, trotz religiöser, weltanschaulicher und kultureller Unterschiede. Wie stark die trennende Wirkung von Religion in der Gesellschaft sein kann, zeigt uns z. B. die Migrationsforschung auf (Allenbach et al. 2011).

Philosophieren für alle!

An die Stelle des konfessionellen Religionsunterrichts und seiner nicht minder selektierenden Ersatzfächer, wie z. B. das Fach Ethik (Ausnahme: Berlin), sollte daher ein integrierendes Fach für alle treten. Das Philosophieren, in dem über Werte gemeinsam nachgedacht wird, wäre hierfür gut geeignet – noch besser wäre es natürlich, wenn dies nicht auf Fächer begrenzt würde, sondern das gesamte Schulleben durchdringen würde.

Dabei sollte die offene und neugierige Auseinandersetzung mit Religionen nicht tabuisiert werden. Es können z. B. die evolutionären Vorteile von Religionen glaubensunabhängig beobachtet und genutzt werden. Die Entstehung der Religion hatte historisch bzw. evolutionär gesehen auch bedenkenswerte Effekte z. B. trägt sie zur Formierung einer Gruppe und ihrer Abgrenzung gegen andere bei und ermöglicht durch diesen Zusammenhalt Erfolge in der Konkurrenz zu anderen, möglicherweise schwächer gefügten Gruppen (Voland 2009, 89). Deshalb sollten bei der Wertevermittlung auch religiöse Strömungen nach Brauchbarem und Sinnvollem durchsucht werden. Auch für nicht-religiöse Menschen können in solchen Traditionen Schätze verborgen sein, die es zu heben gilt – aber eben auf rationale Weise, und nicht mit dem Glauben an übernatürliche Mächte verknüpft.

Für die Vermittlung der Evolutionslehre

Die Lehre von der Evolution gehört zu den Grunderkenntnissen der modernen Naturwissenschaften. Sie sollte schon von der Kita an eine Rolle bei der Bildung von Kindern spielen. Ansatzpunkte gibt es genug: Dies ist z.B. das Alter, in dem Kinder sich von Dinosauriern faszinieren lassen und beginnen, Interesse an Fossilien zu entwickeln.

Tipp

→ *Besuchen Sie mit Ihrem Kind ein Naturkundemuseum und lassen Sie sich dort museumspädagogisch aufbereitet die Evolution erklären. Vielleicht gibt es in Ihrer Nähe eine Möglichkeit, selbst mit Ihrem Kind nach Fossilien zu suchen, z.B. in einem Steinbruch.*

Die Förderung des Verständnisses von Evolution ist bisher in den Bildungseinrichtungen nur gering ausgeprägt. Kaum ein Bildungsplan für frühkindliche Bildung nennt dies als Ziel der pädagogischen Arbeit. Doch es ist leicht möglich, sie in den Zusammenhang der naturwissenschaftlichen Bildung einzubetten und so eine wesentliche Voraussetzung für ein Verständnis der Naturwissenschaften zu schaffen (Marquardt-Mau / Rojek 2011, 48).

Tipp

→ Fordern Sie die Betreuungspersonen in der Kita Ihres Kindes auf, im Rahmen der naturwissenschaftlichen Bildung auch das Konzept der Evolution zu vermitteln.

Die Evolutionslehre spielt in Kitas und Schulen eine zu geringe Rolle.

Die Lehre des biblischen Schöpfungsmythos ist in sehr vielen Kitas durchaus präsent. Nicht nur in den kirchlich getragenen Einrichtungen finden sich Bilderbücher mit Adam und Eva usw. Später erlangen die Kinder in den Grundschulen weiter Kenntnis von derartigen theologischen Erklärungen, nicht zuletzt im Religionsunterricht. Solche Mythen gehören zur reichen literarischen Überlieferung der Kulturen, und es spricht nichts dagegen, diese Vielfalt mit Kindern zu erleben und zu diskutieren. Im Bildungsprozess bedürfen sie aber der Ergänzung durch die wissenschaftlich reichlich fundierte Lehre von der Evolution des Lebens. Sie jedoch spielt in den Lehrplänen der Primarschulen keine Rolle (Ausnahme: Humanistische Lebenskunde) und wird im Sachunterricht nur selten aufgegriffen. In der Regel erst ab der 9. Klasse der deutschen Schulen wird im Biologieunterricht das Konzept der Evolutionstheorie eingeführt und später vertieft (Graf 2013, 221). Um für eine frühere und stärkere Verankerung evolutionären Denkens an den Schulen zu werben, hat sich jüngst eine Gruppe von Wissenschaftlern und pädagogischen Praktikern im Kontext der Oberweseler Giordano-Bruno-Stiftung gegründet (www.evokids.de).

Für Toleranz und Verantwortungsübernahme

Der Konstruktivismus geht davon aus, dass jedes Wissen auf individuellen geistigen Konstruktionen basiert. Aus pädagogischer Perspektive bedeutet dies, dass das Kind während seiner Entwicklung aus verschiedenen Bereichen Anregungen erhält und sammelt, um aus ihnen seine individuelle Lebenswelt zu erzeugen. So wird es zum Akteur seiner eigenen Entwicklung. Das Kind und seine Umwelt werden dabei als aufeinander bezogen gesehen (systemischer Zusammenhang). So sind z. B. die Eltern in diesem Prozess „Konstruktionshelfer" ihrer Kinder, indem sie sie anregen, beraten und ihnen das Lernen ermöglichen (Reich 2010; Lindemann 2006).

Der Konstruktivismus kennt keine absoluten Wahrheiten.

Aus konstruktivistischer Sicht gibt es ein sicheres Wissen, das sich auf absolute Wahrheiten verlässt, nicht. Ebenso wird menschliches Verhalten nicht einfach nur durch einen „realen" Zustand der Welt bestimmt, sondern durch die jeweiligen Meinungen oder Ansichten, die die unterschiedlichen Individuen über die Welt haben (Ploog 2007, 351). Die konstruktivistische Pädagogik entspricht dem humanistischen Blick auf das Kind. Denn sie will den Bedürfnissen der Kinder dadurch gerecht werden, dass sie unterschiedliche relative Wahrheiten akzeptiert. Dabei geht es hier nicht um die Frage der Gültigkeit von Wahrheit im naturwissenschaftlichen Sinn. Vielmehr geht es darum, dass Eltern den Sinn, den Kinder Dingen und Erlebnissen in ihrer Lebenswelt jeweils geben, ernst nehmen. Aus dieser Grundhaltung resultieren zwei wesentliche Forderungen:

1. die Forderung, Andersdenkenden gegenüber tolerant zu sein, weil das eigene Erkennen immer begrenzt und subjektiv bleibt.

2. die Forderung, für sich und andere Verantwortung zu übernehmen, weil wir selbständig denken und entscheiden können (Siebert 2002, 38).

Checkliste

Leitsätze für Eltern

○ *Ich lerne dich kennen, so wie du bist.*

○ *Du bist mir ein vollständiges Gegenüber, das ich mir und meiner Art, die Welt zu begreifen, nicht unterwerfen werde, auch nicht mit den Mitteln der Liebe und der Zuwendung.*

○ *Ich werde dir helfen, dir die Welt zu erschließen.*

○ *Ich bin mir bewusst, dass auch ich subjektiv bin und gehe mit meinen Beschränkungen sensibel um, vor allem wenn ich dich begleite.*

○ *Ich lerne auch von dir und durch dich.*

○ *Es ist nicht meine Aufgabe, dich zu einer Kopie meiner Position zu machen.*

○ *Du hast das Recht und die Pflicht, dir eine eigene Meinung zu bilden.*

Konstruktivismus ermöglicht eine weltoffene und tolerante Erziehung.

Auch Religionspädagogen wollen sich diese aktuelle pädagogische Strömung zu Nutze machen. Bei ihrer Analyse der Konstruktivismus kommen sie jedoch zu unterschiedlichen Ergebnissen. Die einen leiten daraus das Recht des Kindes auf religiöse Unterweisung ab. Schließlich müssten ihm ja die Elemente für seine Konstruktion gegeben werden. Andere betonen dagegen den Widerspruch zwischen dem Absolutheitsanspruch von Religion und der Konstruktion individueller Weltbilder. Sie folgen damit der Auffassung des Pädagogen Horst Siebert, der den Konstruktivismus als „pädagogische Weltanschauung" beschreibt und betont, dass ein absoluter Wahrheitsanspruch mit der Idee des Konstruktivismus unvereinbar sei. Nach Siebert führt ein solcher Anspruch darüber hinaus notwendigerweise nicht nur zur Unterdrückung der freien Entfaltung des Individuums, sondern auch zu politischer Unterdrückung (Siebert 2002, 38 f.). Dies erscheint überzeugend. Wenn konstruktivistische Pädagogik ernst genommen wird, dann macht sie schon aus sich heraus jede Missionierung unmöglich. Sie ist eine aus unserer Sicht sinnvolle Voraussetzung für eine weltoffene und tolerante Erziehung.

In diesem Rahmen dürfen auch religiöse Sichtweisen ihren angemessen Platz finden: als Beispiele, die für ein individuelles Lebensmodell genutzt werden können, oder eben auch nicht. In der Vielfalt liegt der Reichtum und die Freiheit – im Absoluten leben Intoleranz und Ausgrenzung. Vielleicht liegt in dieser Erkenntnis auch eine sinnvolle Antwort auf die weltanschaulichen Fragen in einer pluralistischen Gesellschaft (Wolf 2013, 117 f.).

Vermittlung von Werten und Tugenden

Eltern, die sich für eine religionsfreie Wertebildung ihrer Kinder entscheiden, haben eine große Chance: Sie können ihre Kinder von Anfang an zum Selbst-Denken anleiten und ihnen die nötigen Werkzeuge dafür mit ins Leben geben.

4

Religionsfreie Eltern stehen bei der Werterziehung vor einer spannenden Aufgabe und zugleich einer verantwortungsvollen Herausforderung. Denn sie können dabei nicht einfach auf ein vorgefundenes „Wertedepot" zurückgreifen. Weder stehen ihnen heilige Schriften als verbindliche Wertequellen zur Verfügung, noch können ohne weiteres religiöse Autoritäten danach befragt werden. Sie müssen selbst denken.

Religionsfreie Eltern müssen sich ihre Werte bewusst machen.

Doch eigentlich ist das eine wirklich frohe Botschaft: Denn das eigene und das gemeinsame Nachdenken über Werte ist einer der Wege, die aus der selbstverschuldeten Unmündigkeit führen (Immanuel Kant) – und dieses Erbe der Aufklärung weiterzutragen, dürfte eines der wichtigsten Anliegen jeder religionsfreien Erziehung sein.

Was sind Werte und Tugenden, und wozu sind sie nützlich?

Werte bringen auf den Begriff, was uns wichtig ist und fassen zusammen, was für uns das gute Leben ausmacht. Der Philosoph Hans Joas definiert Werte als stark emotional besetzte Vorstellungen vom Guten. Werte haben für ihn einen „attraktiven", anziehenden Charakter, etwas Werbendes. Von den Werten grenzt er die Normen ab. Während Werte das Gute bezeichnen, bezeichnen Normen das Rechte. Normen fehlt die emotionale Aufladung von Werten. Jene sind nicht werbend, sondern fordernd (Joas 1999, 258).

Werte können sich ändern.

Werte entstehen in sozialen und kommunikativen Prozessen. Sie müssen begründet werden und begründbar sein. Daraus folgt auch, dass sie infrage gestellt werden dürfen. Werte verändern sich auch mit den Generationen: Der Wertekanon unserer Großeltern unterscheidet sich von dem unserer Enkel, zumindest in der Gewichtung. In komplizierten Entscheidungssituationen zeigen Werte, wie wichtig sie sind. Dann geben sie uns Orientierung und leiten unsere Handlungen. Besonders in ethischen Konflikten werden sie deutlich: Dann kommen sie ans Licht und werden Gegenstand von Argumentationen (Joas 1999, 168; Kohlberg 1996, 175 ff.).

Gemeinsame Werte schaffen ein Zusammengehörigkeitsgefühl.

Außerdem haben Werte eine wichtige soziale Funktion. Gemeinsame Werte gewährleisten, dass die Handlungen einer Gruppe übereinstimmend und vorhersehbar sind. Sie formen und integrieren diese Gruppe (Wildfeuer 2003). Aber kollektive Werte können auch tief in gesellschaftliche Ideologien hinein ausstrahlen. So erkannte der Soziologe Max Weber in der spezifisch protestantischen Pflichtenethik, besonders derjenigen des Calvinismus, den Ursprung des kapitalistischen Geistes (Weber 2006, 23 ff.).

Werte und Tugenden sind zwei Dimensionen derselben Sache.

Mit dem Begriff des Wertes ist ein anderer Begriff verwandt, der einen etwas altertümlichen Beiklang hat: die Tugend. Oftmals verschwimmen diese beiden Begriffe. Sie zielen auf zwei Dimensionen derselben Sache. Während Werte „gute" Lebensziele beschreiben, bezeichnen Tugenden positiv bewertete Charaktereigenschaften und Verhaltensweisen, mit denen wir unsere Lebensziele – das, was wir für gut und richtig halten – erreichen. Werte beschreiben sozusagen den Weg, auf dem das Leben gelingt, und Tugenden die Art, wie wir uns darauf fortbewegen.

Wie werden Werte vermittelt?

Werte werden vor allem auf zwei Weisen vermittelt: Durch das beispielhafte Verhalten der Bezugspersonen, z.B. in der Familie, und durch das gemeinsame Nachdenken über Werte, also z.B. im Dialog.

Bereits in sehr frühem Alter werden grundlegende Werte, wie Mitmenschlichkeit, Verlässlichkeit oder Respekt, durch das Verhalten der Eltern und anderer Bezugspersonen zum Kleinstkind und den Umgang mit ihm weitergegeben. Diese Übertragung der inneren Haltungen auf das Kind durch das enge Zusammenleben von Menschen, die sich zugeneigt sind, ist die Grundlage der Moralerziehung (Fraiberg 1972, 190).

Manche Werthaltungen werden schon im Kleinstkindalter angelegt.

Später, schon ab einem Alter von ca. drei Jahren, können Werte durch das gemeinsame Sprechen über sie bewusst gemacht und vertieft werden. Dann kann auch zunehmend über verhandelbare Werte diskutiert werden (z.B. Familienzusammenhalt, Freundschaft, Toleranz, Gehorsam, Sauberkeit, Ordnung etc.). Aus humanistischer Sicht ist der offene Diskurs über Werte eine wichtige Grundlage für das gelingende Leben. Und das nicht nur für Kinder: Der Philosoph Frieder Otto Wolf spricht vom „Humanismus als Lebensform der Selbstkultivierung". Diese Selbstkultivierung ist für ihn ein lebenslanger Prozess, in dem wir unterscheiden lernen zwischen dem was gut und schlecht ist und uns immer weiter bemühen, das Gute anzunehmen und das Schlechte zu verbessern (Wolf 2008, 166). In der Familie ist es das gemeinsame Philosophieren, das für diesen Prozess die Grundlage legt.

Tipp

→ *Bilderbücher eignen sich sehr gut, um mit Kindern über moralische Themen zu philosophieren. Im Serviceteil finden Sie einen Link zu einer Website mit entsprechenden Bilderbüchern.*

Philosophieren mit Kindern

Beim Philosophieren mit Kindern geht es darum, sich auf dynamische Denkprozesse einzulassen. Wissensvermittlung ist nicht das Ziel. Beim Philosophieren werden die unterschiedlichen Sichtweisen, die von den Teilnehmern eingebracht werden, weiter diskutiert, ohne sie zu bewerten – schon gar nicht nach „richtig" oder „falsch". Schließlich soll ja ein offenes Gesprächsklima herrschen, das keine Angst davor zulässt, „etwas Dummes" zu sagen. Jeder darf seine Meinung äußern und sich an der Diskussion beteiligen.

Beim gemeinsamen Philosophieren werden Werte verinnerlicht.

Die Erwachsenen – Eltern oder Pädagogen – moderieren das Gespräch und geben Impulse durch geschicktes Nach- und Weiterfragen, aber sie korrigieren nicht. Ab und zu können sie ergänzende Informationen in das Gespräch einbringen, allerdings ohne das philosophische Gespräch durch Belehrungen zu beenden. Bei dieser Technik wird die moralische Urteilsfähigkeit der Kinder ebenso trainiert wie das selbständige Denken. Die Kinder lernen gleichberechtigt einen Diskurs zu führen und ihre Argumente zu sammeln und zu wägen. Dadurch wird ein Kernziel der humanistischen Erziehung verfolgt: Das Urteilen mit Gründen zu erlernen und zu üben (Nida-Rümelin / Weidenfeld 2012, 141 f., 161 f.). Zugleich werden dadurch schon früh Schlüsselkompetenzen des menschlichen Zusammenlebens gefördert,

nämlich trotz einer eigenen Meinung auch die der anderen an-
hören zu können und deren Motive verstehen zu lernen. So wird
echte Toleranz praktiziert und erfahren. Literaturempfehlungen
zum Philosophieren mit Kindern finden Sie im Serviceteil.

Vermittlung säkularer Werte und Tugenden

Für die religionsfreie Erziehung steht das Ziel im Zentrum, die
eigene Urteilsfähigkeit des Kindes auszubilden. Wer sich nicht
mit vorgefundenen Autoritäten zufriedengibt, sondern selbst
denken will, muss auch in der Lage sein, sein
eigenverantwortliches Handeln mit guten Gründen zu unterlegen. Mehr noch als um allgemeine, gesellschaftlich übliche Werte, wie Höflich-
keit, Hilfsbereitschaft oder Respekt, geht es bei
spezifisch humanistischen Werten um eine bestimmte Einstellung dem Leben gegenüber und eine Haltung
gegenüber den eigenen Entscheidungen: letztlich um Selbstbestimmung und Eigenverantwortung.

Kinder sollen unterschiedliche Werte kennenlernen.

Die Entwicklung religionsfreier Werte ist auf die menschliche
Vernunft angewiesen. Als säkulare, d.h. weltlich bezogene Werte entstehen sie nicht aus einem Glauben her-
aus, und sie können weder durch Autorität noch
durch Exegese heiliger Texte oder sonstige Her-
meneutik erzeugt, legitimiert oder vermittelt
werden. Säkulare Werte richten sich an die
menschliche Vernunft; sie müssen deshalb einsichtig sein und begründet werden (Fenner 2012, 31 f.).

Religionsfreie Werte bauen auf die menschliche Vernunft.

Die bevorzugte Methode der Wertevermittlung ist das gemeinsame, gleichberechtigte Nachdenken über das, was für gut

und richtig zu halten ist und über das, was – individuell oder gemeinsam – wertvoll ist. Die Entwicklung einer zum Diskurs und zum Argument offenen Haltung in moralischen, ethischen und Wertefragen und die Förderung der ethischen und moralischen Urteilsfähigkeit sind die wichtigsten Anliegen weltlich orientierter, humanistischer Bildung und Erziehung. Gerade im Diskurs werden die Unterschiede der Wertungen deutlich und für Kinder erfahrbar. Dies betrifft ebenso die weltanschaulichen Hintergründe. Wenn Kinder sich diskursiv auf ihr Gegenüber einlassen und sich gegenseitig zu verstehen bemühen, erkennen sie ihre kulturelle Vielfältigkeit. Dies fördert die Erkenntnis, dass es universelle, objektive Werte jenseits des anthropologischen Fundaments – dessen also, was für den Menschen als biologischem Wesen unbedingt notwendig ist, um ein gutes oder zumindest erträgliches Leben zu führen – nicht gibt. Vielmehr werden persönliche Werte immer aus dem individuellen Erleben und der eigenen Haltung „konstruiert". Sie müssen in eine gemeinsame Konstruktion eingehen, wenn sie wirksame Bestandteile einer gesellschaftlichen Moral werden sollen.

Natürlich muss diese Werteentwicklung und die Erziehung zu einer humanistischen, säkularen „Haltung" zum Diskurs je nach dem entwicklungspsychologischen Stand des Kindes auf unterschiedliche Weise erfolgen, um erfolgreich sein zu können. Die Grundbestandteile einer solchen Erziehung, nämlich der untereinander wertschätzende und offene Diskurs einerseits und Berücksichtigung der Konstruiertheit der eigenen „Wahrheiten" andererseits, können jedoch in nahezu jedem Alter umgesetzt werden, wenn eine ausreichende sprachliche oder nonverbale Kommunikationsfähigkeit gegeben ist.

Die Wertevermittlung muss dem Alter entsprechend erfolgen.

Sechs säkulare Tugenden

▶ Der amerikanische Autor und Humanist Dale McGowan schlug säkulare Tugenden als Ziele einer religionsfreien Erziehung vor, von denen hier sechs vorgestellt werden:

1. Bescheidenheit: die eigene Fehlbarkeit zu erkennen, und zu bedenken, dass wir alle Kinder der Evolution sind, nur wenig entfernt von unseren genetisch nächsten Verwandten, den Affen.

2. Einfühlungsvermögen: sich im anderen Menschen erkennen und verstehen, dass alle Menschen als Wesen gleich sind – Bedürfnisse, Hoffnungen, Ziele haben und nach Glück streben.

3. Mut: zu seinen Überzeugungen zu stehen und nach der Wahrheit zu suchen, wie unangenehm und schwierig es auch sein mag – und zu wissen, dass man wahrscheinlich nur neue Fragen finden wird.

4. Offenheit: die Vielfalt schätzen, Neues lernen, immer mehr von der Welt und den Menschen verstehen wollen, und sich zu freuen, wenn alles vielleicht ganz anders ist, als man dachte.

5. Großzügigkeit: nicht alles allein besitzen zu wollen, Wohlstand zu teilen und auch anderen als den eigenen Ideen Raum zur Entfaltung geben.

6. Dankbarkeit: empfangene Zuneigung, Freude und Gesundheit nicht als selbstverständlich hinnehmen.

(nach McGowan 2007b, 126 ff., mit eigenen Ergänzungen)

Hier liegt ein wichtiger Unterschied zwischen humanistisch und theologisch begründeter Pädagogik: Humanistische Erziehung zielt auf die Befähigung zur eigenen Wertebildung ab, nicht auf die Vermittlung vordefinierter, gar als „heilig" unbezweifelbarer Werte. Kindliche mythische, esoterische oder auch religiöse Vorstellungen und Bilder sind als Bestandteile der Vielfalt in der humanistischen Erziehungsarbeit kein „Problem", ihre Verabsolutierung als „Wahrheit" wäre es dagegen sehr wohl.

Zwei Gruppen humanistischer Werte: Spezifisch humanistische Werte lassen sich somit in zwei Gruppen einteilen. In der *ersten Gruppe*, die sich auf das anthropologische Fundament bezieht, finden sich Werte, die mit der biologischen Verfasstheit des Menschen zu tun haben und auf dieser aufbauen. Sie finden sich oftmals sehr ähnlich in ganz unterschiedlichen Kulturen. Zu ihnen gehören z.B. die Freiheit, das eigene Leben selbstbestimmt zu gestalten, die körperliche und psychische Unverletztheit und die Abwesenheit von Schmerz sowie das Recht, sich ernähren zu können und eine Behausung zu haben. Als soziales Wesen sieht der Mensch sich auch im Gegenüber, ebenso ist er von Geburt an auf andere angewiesen. Daher zählt Mitmenschlichkeit und Barmherzigkeit auch zu diesen Werten. Auch wenn sie biologisch und evolutionär vorkonturiert sind, so bedürfen auch diese Werte der erzieherischen Vermittlung, und sie sind ebenso rational einsichtig wie diskursiv begründ- und erschließbar (Bauer 2013).

In einer *zweiten Gruppe* finden sich diejenigen Werte, die eher instrumentellen Charakter haben. Dazu gehören das rationale Verstehen und das Urteilen mit Gründen, die Vorurteilsfreiheit, Neugier und Offenheit.

Über Religionen lernen

Zur Wertebildung gehört auch, sich neugierig, offen und kritisch mit den Werten anderer zu beschäftigen. Deshalb ist es für die religionsfreie Erziehung wichtig, religiöse Werte und ihre Begründungen zur Kenntnis zu nehmen und auch eine religionskundliche Bildung zu pflegen, also „religiöse Literacy" (literacy = lesen bzw. verstehen können) zu entwickeln.

Geschichte und Religion sind eng miteinander verwoben.

Die Religionen der Welt haben viel zur Kultur und zur Zivilisation beigetragen, und auch wenn man sie nicht teilt, so sind sie und ihre Symbolsprachen zumindest interessant – zeigen sie doch, wie vielfältig, bunt und manchmal auch merkwürdig religiöse Überzeugungen und Bräuche sind (Nuhr 2007). Manche religiöse Weisheit bietet nicht nur Stoff für die Füllung von Glückskeksen, sondern vermittelt Einsichten in die menschliche Natur. Die europäische Kultur ist vom christlichen Erbe tief geprägt, auch wenn die Aufklärung vieles davon überwunden hat: Man denke nur an die bildende Kunst, deren Darstellungen ohne religiöse Bildung oftmals gar nicht entschlüsselt werden können. Es ist erstrebenswert, die Welt um sich herum zu verstehen. Auch der Held mehrerer Romane des amerikanischen Bestsellerautors Dan Brown (Illuminati, Sakrileg, Das verlorene Symbol), der Hochschullehrer Robert Langdon, brilliert zwar mit einer umfassenden Kenntnis der christlichen Symbole, ihrer Geschichte und ihrer Bedeutung, ist selbst aber Atheist. Natürlich sind die religiösen Traditionsbestände unserer Kultur heute kritisch zu hinterfragen. Doch auch das kann nur gelingen, wenn ihre Hintergründe bekannt sind.

Oft ist Wissen über Religionen nötig, um Kunst, Musik und Literatur zu verstehen.

Die Aneignung dieser Kenntnisse kann zwanglos erfolgen, indem verschiedene Anlässe genutzt werden, die sich auch in einer säkular lebenden Familie ergeben: Bilderbücher über die Weltreligionen lesen, eine Fernsehsendung dazu ansehen, Ausstellungen besuchen und diskutieren, ein Referat an der Schule übernehmen lassen, an religiösen Festen der Nachbarschaft oder im Freundeskreis teilnehmen, einen Gottesdienst besuchen (Nelson 2007).

„Christliche" Werte und Tugenden

Immer wieder kommt es vor, dass Christen ihre Religion für die einzig vorstellbare Quelle von Werten halten. Leider ist damit oft die Meinung verbunden, religionsfreie Menschen hätten entweder keine Werte, oder sie seien zumindest besonders anfällig für Unmoral und Laster. „Christliche Werte" seien die Grundlage unseres Staatswesens, und eine gute Erziehung sei ohne sie gar nicht möglich. Jedes Jahr an Weihnachten haben derartige diskriminierende Einlassungen Hochkonjunktur, und sie bringen möglicherweise die eine oder andere religionsfreie Familie gegenüber Freunden, Kollegen und Verwandten in Erklärungsnot.

Es lohnt sich daher, zumindest einen kurzen Blick auf einige dieser „christlichen Werte" zu nehmen. Natürlich ist damit die Auseinandersetzung mit christlichen Wertbeständen nicht abschließend erledigt. Aber es dürfte zumindest deutlich werden, dass die Dinge – wie so oft, so auch hier – nicht so einfach sind.

Was christliche Werte sind, ist bei näherer Betrachtung unklar.

Was genau christliche Werte sind, ist nämlich gar nicht leicht auszumachen. Manche sagen, christliche Werte sind aus der Bibel abzuleiten. Doch dann stellt sich natürlich die Frage: Aus welchen Erzählungen dort denn genau? Wir wissen ja, dass dieses Buch auch so manche Geschichte enthält, die heutzutage nicht gerade als vorbildhaft gelten kann. Das Frauenbild ist mit unseren Vorstellungen kaum kompatibel, einige der Gestalten, die dort auftreten, würde man heute eher vor internationale Gerichtshöfe wünschen, und von etlichem steht anderswo in dem dicken Buch das genaue Gegenteil. (Eine Zusammenfassung und viele Beispiele zu den genannten Aspekten finden sich bei Buggle 2004.) Sich einfach pauschal auf die Bibel zu beziehen, ist also zu wenig spezifisch, und außerdem

führt es möglicherweise auf Gleise, auf die man nicht kommen wollte.

Ethische Prinzipien in der Lehre Jesu: Nicht so schnell auf Abwege wird man mit dem Leben und den Taten des Jesus aus Nazareth kommen. Mit ihm kommen die ethischen Prinzipien der Bergpredigt in den Fokus, vor allem aber wohl – neben der unvermeidlichen Gottesfurcht – die Nächstenliebe. Wir vermuten zwar heute, dass die Fähigkeit zur Empathie biologisch vorgeformt ist (De Waal 2009), doch die Betonung dieser Idee im Christentum darf als wichtiger, kulturformender Impuls für unsere Zivilisation gelten.

Tipp

→ *Die Bibel ist ein reicher Schatz von Geschichten, die als Grundlage für gemeinsames Philosophieren über Werte genutzt werden können. Wenn in diesen Geschichten einmal Gott, Engel oder andere Wesenheiten vorkommen, ist das kein Schaden – man muss das ja nicht wörtlich nehmen. Eine schöne Geschichte z.B. ist das Gleichnis von den drei „Talenten" (antike Währung), das im Matthäus- und im Lukas-Evangelium überliefert wird. Darin belohnt ein Herr denjenigen seiner Knechte, der einen maximalen Ertrag mit einem Batzen Geld des Fürsten erwirtschaftet hat, reichlich. Einen anderen Knecht, der das zur Verfügung gestellte Kapital nur konstant erhalten hat, jagt er in Schande vom Hof. Fazit: „Wer da hat, dem wird gegeben werden" (Math 25,29; Lk 19,26). Für Jesus handelt Gott wie dieser Herr – reichlich Ansätze also zum Philosophieren über die Gerechtigkeit und den Sinn des Wirtschaftens, aber auch über die Pflicht, aus seinem Leben etwas zu machen, denn das ist mit dem Gleichnis natürlich vor allem gemeint – oder?*

Die zehn Gebote: Nachdem der christliche Glaube – ebenso wie der Islam – auch die Bücher Mose als heilige Texte miteinbezieht, sind in diesem Zusammenhang auch die sog. „zehn Gebote" relevant, die Moses direkt von Gott mitgeteilt worden sein sollen. Drei Viertel der Textmenge befassen sich ausführlich mit Verhaltensregeln gegenüber Gott (Gott ehren, keinen anderen Gott haben, kein Bildnis von Gott machen, keine Götzenbilder anbeten, Gottes Namen nicht missbrauchen, wie Gott sechs Tage arbeiten, den Sabbat als gottgeweihten Tag heiligen) – kaum Regeln, die in der modernen Gesellschaft wirklich nützlich sein können. Es fällt auf, dass sie den Israeliten mit einem deutlich drohenden Unterton aufgegeben wurden. Offenbar sollte dies ihre Befolgung forcieren, die sich damals nicht von selbst ergab und erst mal durchgesetzt werden musste.

Die weiteren Gebote sind dagegen einfach und schlicht gehalten: Die Eltern sollen geehrt werden, Töten, Stehlen, Ehebrechen, Lügen und Neidisch-Sein sind verboten. Diese Verhaltensmaßgaben sind grundsätzlich gewiss in jeder Gesellschaft von Vorteil und geradezu universal gültig. Sie können allerdings kaum einen exklusiven Offenbarungscharakter beanspruchen. Vielmehr sind sie wenig überraschend, denn gesellschaftliche Normsysteme, die gänzlich anders funktionieren – also zum Töten, Ehebrechen, Stehlen auffordern –, sind außerhalb chronisch krimineller Vereinigungen unbekannt. Die eigentliche Pointe und auch die Wirkmächtigkeit dieses Regelkanons dürfte in seinen theologischen Aussagen zur „richtigen" Gottesverehrung liegen, weniger in den anderen Verhaltensmaßgaben (Kahl 2005, 183 ff.).

4 der 10 Gebote beziehen sich auf die Religionsausübung.

Freilich können alle diese Gebote in bestimmten Situationen mit guten Gründen auch angezweifelt werden. Was ist mit dem Tötungsverbot in Notwehrsituationen? Welchen Sinn hat es, unglücklich in einer gescheiterten Ehe zu leben und gemeinsame Kinder in einem Klima von permanentem Zank und Hass aufzuziehen? Darf man Lügen, um jemandem das Leben zu retten? Ist der Neid nicht auch eine Triebfeder für produktiven Ehrgeiz? Fast könnte man meinen, es ließe sich ein ehrenwertes Leben auch dann führen, wenn man gegen jedes einzelne der mosaischen Gebote verstößt. Es zeigt sich schon an diesem grob geschnittenen Beispielen, dass absolute Normierungen mit dem religiösen Anspruch der „Wahrheit" im Leben keinen rechten Sinn ergeben. Auf die Gründe kommt es an. Dann kann selbst das Verbot zu Töten, diese absolut scheinende Schranke, seine – wenigen – Ausnahmen finden.

Paulus, Gregor und die Tugenden: Auf den Apostel und Missionar Paulus geht der Dreiklang von Glaube, Hoffnung und Liebe zurück: Glaube an Gott, Hoffnung auf Erlösung und die Nächsten- sowie die Gottesliebe. Diese eher abstrakte Liebe (lat. caritas, griech. agape) – nicht etwa die körperliche Liebe oder die Liebe zwischen Liebenden – war ihm dabei die wichtigste. Wenn er sie nicht hätte, dann sei er nichts anderes als ein „tönendes Erz oder eine klingende Schelle", so führte der Apostel in seinem Brief an die junge christliche Gemeinde in Korinth aus (1 Kor 13, 13). All seine Liebesrhetorik im von Theologen so genannten „Hohelied der Liebe" hinderte Paulus allerdings nicht, zum Abschluss dieses Briefes alle, die Jesus nicht liebten, zu verfluchen (1 Kor 16, 22).

> **Paulus predigte die Gottesliebe und verfluchte die Ungläubigen.**

Tipp

→ *Lesen Sie die biblischen Geschichten selbst. So können Sie „aus erster Hand" sehen, was geschrieben steht – und was nicht. Außerdem ist es für das kulturelle Verständnis förderlich, diesen Texten nicht völlig fremd gegenüberzustehen.*

Rund 500 Jahre nach Paulus knüpfte der Papst und Kirchenlehrer Gregor I., genannt „Gregor der Große" (540–604), daran an. Er fügte den drei paulinischen Tugenden Glaube, Liebe und Hoffnung die Gruppe der vier klassisch-antiken Grundtugenden hinzu. Diese Gruppe hat mit dem Christentum zunächst nichts zu tun, sondern ist bereits seit dem 5. Jahrhundert v. u. Z. nachweisbar und wurde über Aischylos und Platon bis zum römischen Philosophen und Staatsmann Marcus Tullius Cicero (106 v. u. Z. bis 43 v. u. Z.) und darüber hinaus überliefert. Cicero fasste sie so zusammen: „In vier Teile gliedert sich das Gute: Klugheit, Gerechtigkeit, Tapferkeit und Maßhalten." In dieser Gestalt waren sie vom spätantiken Kirchenvater Ambrosius von Mailand im 4. Jahrhundert in die christliche Überlieferung eingefügt worden. Dieser hatte sie mit dem Titel der „Kardinaltugenden" versehen. (Das Wort kommt von lateinisch cardo, Dreh- und Angelpunkt, und ist nicht etwa in Bezug auf die katholischen Kardinäle entstanden.)

Die „Kardinaltugenden" gehen nicht auf das Christentum zurück.

So formte Gregor I. aus den vier weltlichen „Kardinaltugenden" der Antike und den drei „theologischen Tugenden" des Paulus den Kanon der sieben Tugenden, der heute fest zur christlichen Morallehre gehört. Drei von ihnen beziehen sich auf die Religiosität, die anderen vier haben eigentlich nichts mit ihr zu tun.

Das Christentum wäre nicht, was es ist, wenn es diesen sieben Tugenden nicht auch sieben Todsünden gegenüber gestellt hätte, die spätestens beim Jüngsten Gericht zu göttlicher Strafe führen (Ratzinger 2005, Nr. 377 ff.) – Stoff für manchen filmischen Serienmörder (z. B. „Sieben", Fincher 1995 / 1999), aber für uns hier nicht weiter von Belang. Übrigens auch dies ein Vorteil eines religionsfreien Lebens: Es gibt dann viele Dinge, vor denen man keine Angst zu haben braucht.

Krisenbewältigung

Krisen und schmerzliche Ereignisse gehören zu unserem Leben. Es ist nicht unwahrscheinlich, dass sich Kinder im Laufe ihrer Kindheit mit Trennung, Trauer, Krankheit und Leid auseinandersetzen müssen. Wenn dieser Prozess erfolgreich verläuft, können sie daran wachsen und emotionale Stärke gewinnen.

5

Religionsfrei mit Krisen umgehen

Für religionsfreie Menschen steckt hinter den schwierigen Erfahrungen, die das Leben bereithält, kein tieferer Sinn. Krankheit, Leid und Tod sind Bestandteil unserer natürlichen Lebensumstände, nicht mehr und nicht weniger. So entsetzlich sie auch sein mögen: Sie passieren einfach. Ein religionsfreier Umgang mit Krankheiten, Leiden und auch Unfällen nimmt das Leben, wie es ist. Er verzichtet auf gekünstelte Sinnzuweisungen und abwegige Ursachenvermutungen. Dafür fragt er umso stärker danach, wie das Leben erträglicher gemacht werden kann: Wie können Würde erhalten, Schmerzen bekämpft, Trost und Zuwendung gegeben werden?

Krisen gehören zum Leben.

Für den Umgang mit einschneidenden Lebenskrisen haben die verschiedenen Kulturen Traditionen und Riten herausgebildet, die in diesen Krisen Halt und Stütze geben. Dabei spielen oft Religionen eine wichtige Rolle, ja es ist sogar eine ihrer hervorstechendsten sozialen Funktionen, Deutungs- und Handlungsmöglichkeiten zur Verfügung zu stellen, um mit der Sinnlosigkeit und Zufälligkeit im Leben umgehen zu können. Für religionsfreie Eltern sind religiöse Vertröstungen und theologische Sinndeutungen in der Regel unpassend. Wer nicht an ein Leben nach dem Tod glaubt, dem bietet das Versprechen, die verstorbenen Lieben irgendwann wiederzusehen, keine tragfähige Basis zur Bewältigung von Trauer und Schmerz. Manchen klingt der Hinweis auf ein vermeintlich göttliches Wirken geradezu höhnisch in den Ohren.

Zur Krisenbewältigung müssen individuelle Strategien gefunden werden.

In Krisen steckt für religionsfreie Menschen kein tieferer Sinn. Dennoch kann ihnen ein Sinn gegeben werden: Der, daran zu wachsen.

Aus religionsfreier Sicht gibt es für eine authentische Krisenbewältigung kein Patentrezept. Jeder Mensch ist anders und benötigt andere „Werkzeuge", um mit Krisen umzugehen. Die religionsfreie Maxime für den Umgang mit Krisen lautet daher Individualität. Dazu kommt eine offene und kommunikative Haltung der schwierigen Situation gegenüber. So wird es ermöglicht, selbst und gemeinsam mit anderen die richtige, individuelle Strategie zur Krisenbewältigung zu finden.

Resilienz stärken

„Resilienz" bedeutet die Fähigkeit, Krisen und Herausforderungen erfolgreich bewältigen zu können. Sie ist eine Form der psychischen Widerstandsfähigkeit gegenüber Lebensrisiken und gehört zur Entwicklung einer gesunden Persönlichkeit (Heller et al. 2012, 46). Die Förderung der Resilienz ist eine zentrale Aufgabe der Erziehung; bei allen Wegen zur Krisenbewältigung, die hier aufgezeigt werden, geht es immer wieder darum.

Es geht nicht darum, Krisen zu vermeiden, sondern sie gut zu begleiten.

Kinder können dabei unterstützt werden, diese Kompetenzen zu entwickeln. Vertrauenspersonen in der Familie sowie Rückhalt und Kontaktpersonen im sozialen Umfeld (z. B. Jugendgruppe) helfen dabei (Meier-Gräwe 2009). Doch vor allem muss das Kind die Krisen als solche begreifen und – soweit in seinem Alter möglich – verstehen. Die wichtigsten elterlichen Voraussetzungen, um diesen Prozess zu begleiten, sind daher Wahrhaftigkeit und der Verzicht auf zu einfache Tröstungen. Letztere verlagern die Krisenbewältigung in Scheinwelten und verhindern so die nachhaltige Entwicklung von Resilienz.

> ## Tipp
>
> → Schließen Sie Ihr Kind nicht aus, wenn Sie Angehörige haben, die von Krankheit und Leid betroffen sind, sondern beziehen Sie es seinem Alter und Reifezustand entsprechend mit ein. Kinder wachsen emotional an der maßvollen Beschäftigung mit Leid, gerade weil es unangenehm und schwierig ist.

Erfolgreiche Krisenbewältigung gibt Kindern Selbstvertrauen.

Das Kind soll erkennen, dass es herausfordernden Ereignissen nicht nur passiv gegenübersteht, sondern selbst erfolgreiche Handlungsmöglichkeiten hat, um sie zu bewältigen. Das verringert die Angst vor der Zukunft und stärkt das Selbstvertrauen. Bei diesem Lernprozess sind soziale Strukturen und Bezugspersonen, denen das Kind vertraut, von besonderer Bedeutung (*Kap. 6 / Namens- oder Begrüßungsfeier / Paten*). Bei der nächsten Krise wird das Kind die erfahrenen und erlernten Handlungsoptionen erinnern und erfolgreich anwenden können.

Erklären statt Vernebeln

Kinder lernen am Beispiel der Eltern, wie sie mit Krisen umgehen.

Am meisten ist den Kindern geholfen, wenn die Eltern kein Geheimnis aus ihren Problemen machen, sondern ihre Kinder schonend, aber ehrlich miteinbeziehen. Besonders im Umgang mit Krisen haben Eltern für ihre Kinder eine Vorbildfunktion. Deshalb sollten sie sich mit ihren Problemen bewusst auseinandersetzen. Manche Situationen sind unerträglich. Daraus muss kein Geheimnis gemacht werden, auch daraus nicht, wenn Eltern in diesen Situationen an ihre Grenzen kommen. Im Gegenteil: Wenn Kinder den emotionalen Zustand ihrer Mutter oder ihres Vaters kennen und verstehen, werden sie besser damit umgehen können und auch hier an ihrem Vorbild lernen.

Oft betreffen Krisen die Eltern ebenso wie ihre Kinder, und Eltern sind dadurch ohnehin schon stark gefordert. Dann kann es helfen, wenn für die Kinder vorübergehend ein weiterer Ansprechpartner aus dem Freundes- und Familienkreis gefunden wird. Jedenfalls sollten Eltern einen kompetenten Umgang mit ihren eigenen Emotionen zeigen und ihre Kinder daran altersgemäß teilhaben lassen. Es wirkt auf Kinder wesentlich Halt gebender, wenn sie die Emotionen ihrer Eltern bewusst erleben können, anstatt dass sie nur erspüren können, dass irgendetwas nicht stimmt. Nichts wirkt verängstigender als eine unbekannte Bedrohung.

Tipp

→ *Eltern müssen nicht unverwundbar wirken. Im Gegenteil: Wirklich stark und Halt gebend wirken sie, wenn sie vorleben, wie kompetent und emotional reif sie sich auch Krisen stellen.*

Die Empfehlung des offenen Umgangs mit Emotionen gilt auch für eine Trennung. Eltern sollten auch in diesem Fall ihren Kindern nichts vorspielen, sondern einen gut reflektierten Umgang mit der Trennung zeigen. Die Kinder würden sowieso spüren, wenn das Verhalten ihrer Eltern nur gespielt und nicht authentisch ist. Wenn Kinder im Verhalten ihrer Eltern Widersprüche wahrnehmen, wirkt das beängstigend auf sie. Es wird ihnen merkwürdig vorkommen, wenn ihre Eltern durch ihre Körpersprache eine Krise in ihrer Beziehung ausdrücken (abgewandte Haltung oder nervöses Zappeln, gereizte Stimmung), und gleichzeitig sagen, es sei nichts. Das wird sich weitaus ver-

Körpersprache sagt mehr als tausend Worte.

wirrender auswirken, als wenn Paare zugeben, dass sie sich gestritten haben und jetzt ein bisschen Zeit für sich brauchen, bis sie sich wieder vertragen können. Kinder haben oft sehr viel Verständnis für Emotionen. Sie müssen sich den Konflikt ihrer Eltern nicht zu Eigen machen, aber sie dürfen wissen, dass es Vater und Mutter gerade nicht gut geht. Es hilft den Kindern bei der Bewältigung ihrer eigenen Trauer über einen Abschied, wenn ihre Eltern auch emotional ehrlich und vertrauenswürdig bleiben.

Tipp

→ *Nehmen Sie bei einer Trennung keine Schuldzuweisungen vor, aber stehen Sie zu Ihren Emotionen.*

Das heißt nicht, dass Eltern ihren Kindern unabhängig von ihren eigenen Bedürfnissen jederzeit zur Verfügung stehen müssen. Vielmehr sollten sie Selbstkompetenz zeigen, wenn sie überfordert sind. Es wird dem Selbstwertgefühl des Kindes schaden, wenn es sich zurückgewiesen fühlt, ohne den Grund zu kennen.

Kinder haben Verständnis für Emotionen.

Dann wird es dazu neigen, die „Schuld" bei sich zu suchen. Eltern sollten daher Ich-Botschaften senden, die zeigen, dass sie das Kind ernst nehmen, aber seine Bedürfnisse im Moment nicht befriedigen können.

Ich-Botschaften mit der Möglichkeit, auch andere Alternativen zuzulassen, sind eine hervorragende Methode, um bei Kindern den Boden für echte Toleranz zu bereiten. Denn wenn das Kind gewohnt ist, verschiedene Meinungen kennenzulernen, die es abwägen darf, um sich dann eine eigene zu bilden, wird es wohl kaum akzeptieren, wenn andere Personen ein-

Ich-Botschaften geben keine allgemeinen Verhaltensregeln vor.

fach allgemeingültige Regeln aufstellen, bei denen der eigene Gedanke keine Rolle spielt.

Beispiel

Anna besucht den evangelischen Religionsunterricht, weil der Ethikunterricht am Nachmittag stattfindet. Jetzt möchte sie trotzdem lieber in den Nachmittagsunterricht. Der Grund: Im Religionsunterricht hat sich die Klasse mit dem Thema Sterben und Tod beschäftigt. „Die fragen mich nie, was ich dazu denke", erklärt sie ihrer Mutter.

Rituale helfen

Rituale geben Halt in Krisensituationen. Sie strukturieren Handlungsabläufe, weisen ihnen einen bestimmten zeitlichen oder räumlichen Ort zu.

Rituale können Sicherheit geben.

Tipp

→ *Bemühen Sie sich um eine individuelle Gestaltung einer Trauerfeier, auch wenn Ihre Trauer es Ihnen schwer macht. Nutzen Sie die Vorbereitung als Chance für Ihre Trauerarbeit. Qualifizierte weltliche Trauerredner können Sie dabei unterstützen. Eine misslungene Feier, in der die Persönlichkeit des Verstorbenen nicht deutlich wird oder gar ganz unpassende Worte gefunden werden, kann Sie noch nach Jahren ärgern.*

Erst seit jüngerer Zeit widmen sich säkular-humanistische Organisationen intensiver der praktischen Hilfe in extremen Lebenslagen, wie z.B. derzeit in der humanistischen Hospizarbeit in Berlin und Stuttgart (Adressen siehe *Serviceteil*). Durch diese Praxiserfahrungen wird es künftig sicher auch mehr erprobte Angebote für Rituale zur Krisenbewältigung geben. Den Religionsfreien bleibt bis dahin nur, sich eigene, individuelle Rituale selbst zu erarbeiten. Das beinhaltet aber immerhin auch die Chance zur bewussten Auseinandersetzung mit dem Abschiednehmen.

Kinder sollten ihre Fantasie nutzen, um selbst individuelle Formen für Rituale zu entwickeln. Dabei hilft es, wenn sie sich in einer Gruppe – mit Freunden oder mit der Schulklasse – austauschen können, um die Vorschläge der anderen Kinder zu erfahren. Dann kann das Kind selbst wählen, was das Passende für es ist.

Beispiel

In einer Schulklasse ist ein Kind überraschend verstorben. Die Schulklasse überlegt gemeinsam mit der Schulpsychologin, wie sie gemeinsam Abschied nehmen kann, aber auch, was die Situation bei jedem einzelnen auslöst. Dabei stellen die Kinder fest, dass sie unterschiedlich betroffen sind. Ein Kind ist besonders traurig, weil an den kürzlichen Verlust seiner Oma erinnert wird, ein anderes vermisst seine beste Freundin. Manche Kinder wollen Fußball spielen. Einige erhoffen sich durch die Bewegung Ablenkung, andere wollen sich abreagieren, weil sie wütend sind. Im gemeinsamen Gespräch erkennen sie, dass diese Erfahrung bei ihnen unterschiedliche Bedürfnisse auslöst. Die Psychologin erklärt ihnen, dass alle ihre Reaktionen in Ordnung sind, weil Menschen auf Krisen unterschiedlich reagieren.

Umfeld einbeziehen

Familie und Freunde sind die wichtigsten Stützen in Krisenfällen. Ihre Zuwendung hilft auch beim schlimmsten Verlust. Diese Zuwendung sollte in jedem Fall angenommen und genutzt werden – ebenso wie sie vorbehaltlos gegeben werden sollte, wenn andere Hilfe benötigen.

Manchmal wird auch professionelle Hilfe benötigt. Daran ist nichts Schlechtes, viele Menschen greifen darauf zurück. In den Städten und Gemeinden gibt es oft auch nicht-kirchliche Ansprechpartner für Krisensituationen, wie z.B. Selbsthilfegruppen. Wenn Eltern selbst zu betroffen sind und nicht in der Lage sind, ihrem Kind alle benötigte Unterstützung zu geben, werden sie vielleicht dort Hilfe finden. Überkonfessionelle Organisationen wie der Paritätische Wohlfahrtsverband helfen vor Ort bei der Kontaktaufnahme.

Professionelle Unterstützung kann helfen.

Falls keine glaubensneutrale Einzelberatung gefunden werden kann, sind glaubensgemischte Selbsthilfegruppen vielleicht eine Ersatzlösung. Dort wird das Kind zumindest in der Lage sein zu erkennen, dass es unterschiedliche Möglichkeiten zur Krisenbewältigung geben kann.

Selbsthilfegruppen sind eine Alternative.

Möglicherweise werden religionsfreie Menschen in schwierigen Krisensituationen mit religiös motivierten Tröstungsversuchen konfrontiert. Der labile Zustand während der Trauerarbeit kann Kinder dafür empfänglich machen, denn die Verlockung, einfache Tröstungen zu akzeptieren und sich vor der wirklichen Verarbeitung des Verlusts „zu drücken", mag dann groß sein. Dies in der sozialen oder therapeutischen Arbeit auszunutzen, ist jedoch zutiefst unethisch. Ratsuchende brauchen es nicht zu dulden, wenn sie das Gefühl haben, dass ihre Situation ausgenutzt wird, um missionarische Aufträge zu erfüllen.

Tipp

→ Sollten Sie Bedenken haben, dass Ihre Religionsfreiheit nicht respektiert wird, sprechen Sie das sofort an.

Sollten Eltern dennoch mit missionarischem Verhalten konfrontiert werden, dann bleibt noch der Ausweg, sich mit dem Kind auf eine Metaebene zu begeben und die angebotenen religiösen Deutungsmuster zu reflektieren. Dabei

Vielfalt widerspricht absoluten Ansprüchen.

können sie in einen vielfältigen – christlichen, muslimischen, buddhistischen, polytheistischen usw. – Zusammenhang gestellt werden. Das Kind wird so erkennen können, dass es sich jeweils um individuelle Bekenntnisse und Sichtweisen handelt, die schon aufgrund ihrer Vielfalt keinen Anspruch auf die absolute Wahrheit erheben können.

Sterben und Tod

Der Umgang mit dem Sterben und dem Verlust eines geliebten Menschen ist die größte emotionale Herausforderung – für Kinder wie auch für Erwachsene.

Der Mensch ist sich seiner eigenen Endlichkeit bewusst. Er weiß, dass er sterben wird. Die Angst vor dem Tod gehört zu den Urbestandteilen der menschlichen Natur. Sie hängt zusammen mit dem Überlebenstrieb, und sie hat einen tiefen Sinn: Schließlich lässt sie den Menschen sein Leben schätzen und vorsichtig damit umgehen. Dennoch wird der Tod uns alle ereilen, auf die eine oder andere Weise, so wie alles Lebendige vor uns. Es ist nicht sinnvoll, den Tod zu bagatellisieren oder sich vor ihm gedanklich „zu drücken". Aber es ist sehr wohl möglich, ihm zumindest ein wenig von seinem Schrecken zu nehmen und besser mit ihm umzugehen zu lernen.

Um den Tod darf kein Tabu entstehen.

Eine religionsfreie Erziehung kann Kinder wirksam auf Trauersituationen vorzubereiten. Dazu muss allerdings der Stier bei den Hörnern gepackt werden. Eltern sollten erst gar nicht zulassen, dass um den Tod ein Tabu entsteht. Es ist für die Entwicklung des Kindes hilfreich, sich in der Familie bereits mit dem Ende des Lebens zu Zeiten beschäftigen, in denen kein Verlust aktuell ist. Dadurch erfährt das Kind schon vor einer akuten Krise, dass der Tod zum Leben gehört. Trauer betrifft nicht nur es allein, sondern alle Menschen. Damit wird den Kindern zumindest ein Teil des Schreckens bei einem eventuellen späteren Trauerfall genommen. Wir alle müssen uns schließlich darauf einstellen, irgendwann „Abschied zu nehmen von allem für immer" (Kahl 2005, 84).

Manchmal ergeben sich zufällige Gelegenheiten, das Thema aufzugreifen. Die meisten Kinder finden irgendwann einen toten Vogel auf einer Wiese oder beobachten ein sterbendes Insekt. Daraus ergeben sich für die Kinder viele Fragen. Was geschieht mit den Tieren? Was ist mit ihnen, wenn sie tot sind? Wo „gehen sie hin"?

Kinder sind am Tod interessiert.

Tipp

→ *Nutzen Sie solche emotional wenig belastende Gelegenheiten, mit Ihrem Kind über das Sterben und den Tod zu sprechen. Damit bereiten Sie Ihr Kind auf Situationen vor, wenn geliebte Menschen oder Haustiere sterben.*

Um den toten Körper eines Lebewesens ist kein Geheimnis. Doch es gibt eine natürliche Scheu vor dem toten, dem verwesenden Körper. Sie sitzt tief in uns, und das zu Recht: Schließlich sondern verwesende Körper Gifte ab und man hält sich besser von ihnen fern. Die Neugier von Kindern sollte jedoch zwanglos auch dafür genutzt werden, um den Umgang mit toten Körpern zu erklären und dem Thema so seinen „unheimlichen" Beigeschmack zu nehmen. Ein Tag der offenen Tür im örtlichen Krematorium kann dafür genutzt werden, oder auch eine thematische Friedhofsführung. Friedhöfe – kommunale, christliche, jüdische – sind ein wichtiger Teil unserer Geschichte und Kultur. Sie bieten einen Ort der Ruhe und des Nachdenkens. Es müssen nicht herausragende Kulturdenkmäler sein wie der Wiener Zentralfriedhof, die Cimetière du Père Lachaise in Paris oder der Alte Jüdische Friedhof in Prag: überall können in ihnen die Schicksale von Menschen nachvollzogen und in die Geschichte der Stadt eingetaucht werden. Was sagen die Gräber über die Menschen aus? Wie alt sind die Menschen geworden? Wie viele Mitglieder einer Familie eines Dorfes fielen den Weltkriegen zum Opfer? Auf einer Bank im Sonnenschein kann man sich freuen, noch nicht „dran" zu sein, und es lässt sich gut über die Endlichkeit des Lebens philosophieren – und so Rüstzeug sammeln für den eigenen Trauerfall.

Religiöse Geschichten müssen nicht schädlich sein.

Es lohnt auch, mit den Kindern Bilderbücher zum Thema Tod und Abschied zu lesen. Etliche Bilderbücher setzen sich mit diesen Themen kindgerecht auseinander, ohne dabei einfache Vertröstungen zu vermitteln (z.B. „Die besten Beerdigungen der Welt" von Nilsson 2012). Es ist nicht unbedingt schädlich, wenn darin religiöse Geschichten vorkommen sollten. Das kann zum Anlass genommen werden, um auf die Metaebene zu gehen und darüber zu sprechen, wie diese Geschichte zur praktischen Lebensbewältigung dient. Ein schönes reich bebildertes Buch zu diesem Thema ist z.B. „Rites of Life" (Ryman 2010).

Tipp

→ *Erkunden Sie mit Ihrem Kind auch Trauerrituale aus anderen Kulturen. Informationen darüber finden Sie im Internet (z.B. auf den Seiten des Museums für Sepulkralkultur in Kassel: www.sepulkralmuseum.de). Vielleicht finden Sie dort auch einen Dokumentationsfilm. Auch reich bebilderte Bücher stehen zu diesem Thema zur Verfügung.*

Im Trauerfall

Im Trauerfall ist es am wichtigsten, dem Kind Geborgenheit und Nähe zu vermitteln, ihm zu zeigen, dass es in seiner Trauer nicht alleine ist. Was darüber hinaus Trost bieten kann und was nicht, das ist für jeden unterschiedlich. Kinder müssen erst den für sie richtigen Weg suchen dürfen. Eltern sollten vermeiden, ihren Kindern dabei ein schlechtes Gewissen zu verursachen, wenn diese Versuche anders ausfallen als erwartet. So stellen sich Kinder zum Trost oftmals Orte vor („Insel", „Stern", „Himmel" o.ä.), auf denen die Toten noch weiterleben. Das ist ganz normal und darf auch so sein. Es ist nicht nötig und vielleicht auch gar nicht möglich, die Toten schnell und ganz loszulassen. Warum sollten wir unsere Fantasie nicht nutzen, um uns zu trösten und uns das Abschiednehmen zu erleichtern?

Fantasie hilft bei der Trauerbewältigung.

Leonies Meerschweinchen Bobby ist gestorben. Sie erzählt, dass sie sich vorstellt, dass Bobby jetzt auf einem Stern ist. Diese Vorstellung tröstet sie, *weil Bobby damit noch nicht ganz weg ist und sie sich noch nicht endgültig verabschieden muss.*

Trauerarbeit braucht Zeit und verläuft in Phasen. Die Abwehr des Erlebten, seine Verdrängung, schließlich erst die Annahme des Verlusts gehören zu diesen Phasen. Auch Zorn auf den, der gegangen ist und einen allein gelassen hat, kann dazu gehören. Eltern sollten ihren Kindern die Zeit geben, die sie brauchen. Sie sollten ihre Trauer ausleben und in dem Tempo bewältigen können, das für sie das richtige ist. Wenn Eltern die Auseinandersetzung mit dem Verlust verhindern oder unterdrücken, nehmen sie ihrem Kind die Chance, für sich selbst künftig die Erfahrung der Trauerbewältigung positiv nutzen zu können.

Trauerarbeit verläuft in Phasen.

Marion leidet noch als Erwachsene unter der verpassten Chance, sich von ihrem Vater zu verabschieden. Er hatte Krebs, und sein Zustand verschlechterte sich zunehmend. Um Marion die letzten Tage ihres Vaters zu erleichtern, taten *ihre Eltern so, als ob es ihm besser ginge und schickten sie auf eine Ponyfreizeit. Währenddessen starb er. Bis heute hat sie ihrer Mutter diese Täuschung nicht verziehen.*

Manchmal reagieren Kinder mit Übersprunghandlungen auf Erlebnisse, die sie emotional überfordern. Diese Handlungen erscheinen oft unangemessen (bei Aggressionsausbrüchen), oder „pietätlos" (bei makabren Witzen). Eltern sollten darauf nicht ärgerlich reagieren, sondern geduldig und verständnisvoll bleiben. Denn das ist kein absichtliches Fehlverhalten, sondern zeigt nur die Ratlosigkeit des Kindes und seine Suche nach einer Verarbeitungsmöglichkeit.

Trauer in Kita und Schule

Bei einem Trauerfall ist es sinnvoll, auch die pädagogischen Institutionen, in denen sich das Kind befindet, miteinzubeziehen. Die Personen, die dort mit dem Kind umgehen, sollten erfahren, dass es sich in einer besonderen Situation befindet. So können sie sensibler mit dem Verhalten des Kindes umgehen und den Eltern rechtzeitig zurückmelden, wenn sich besorgniserregende Verhaltensänderungen zeigen. Oftmals haben die Pädagogen schon Erfahrungen zum Thema Trauerarbeit mit Kindern gesammelt und können das Kind gut unterstützen. Auch die Jugend- und Schulämter beschäftigen üblicherweise Psychologen, die zu Rate gezogen werden können.

Tipp

→ *Informieren Sie die Betreuungseinrichtung oder Schule, die ihr Kind besucht. Nutzen Sie die dortigen Unterstützungsangebote.*

Tod von Haustieren

Kinder unterscheiden in ihrer Zuwendung oftmals nicht zwischen geliebten Haustieren und Menschen. Auch wenn ein Tier stirbt, ist es so, als ob ein Familienmitglied verstorben wäre. Kinder verdienen deshalb auch in diesen Fällen die liebevolle Zuwendung und Tröstung durch ihre Eltern.

Haustiere sind oft wie Familienmitglieder.

Für die Entwicklung von Resilienz können Haustiere auf vielfältige Weise eine positive Rolle spielen. Auch wenn die Eltern mit für die Tiere Verantwortung tragen müssen, stärken sie das Verantwortungsgefühl des Kindes. Haustiere geben Geborgenheit und erwidern (je nach Art) Zuwendung. Bei der Anschaffung eines Haustieres sollte seine natürliche Lebensspanne berücksichtigt werden. Kleintiere wie Hamster oder Meerschweinchen werden wahrscheinlich im Laufe der Kindheit sterben. Eltern können sich auf diese absehbaren Trauersituationen einstellen und sie nutzen, um ihre Kinder auf noch schwierige Abschiede vorzubereiten.

Tipp

→ *Überlegen Sie gemeinsam Rituale, wenn das geliebte Haustier stirbt. „Wo wollen wir es beerdigen? Wollen wir ein Gedicht aufsagen? Möchtest Du etwas singen?" Gemeinsame Rituale geben Halt und begrenzen das Gefühl, „alleine gelassen" zu sein.*

Antworten ohne falschen Trost

Es gibt eine Vielzahl von religionsfreien philosophischen Antworten auf die Frage nach dem Sinn des Todes bzw. des Sterbens (McGowan 2007a, 156 ff.; McGowan 2009, 175 ff.). Ob für den einzelnen jeweils ein Trost in diesen Antworten liegen kann, muss jeder für sich selbst entscheiden. Hier einige von ihnen:

▶ Wir wissen, dass keine Energie verloren geht. Auch die Moleküle bleiben erhalten. So gesehen, geht der Körper des Verstorbenen in einen neuen Zustand über. Seine Moleküle existieren weiter – in Blumen, Bäumen, Tieren. Eine Pflanze auf dem Grab eines Meerschweinchens kann dies symbolisieren. In eine ähnliche Richtung geht das Angebot auf dem Bestattungsmarkt, aus der Asche von kremierten Körpern einen Diamanten pressen zu lassen.

▶ Der Verstorbene lebt in den Erinnerungen der Hinterbliebenen und vielleicht in seinen materiellen Werken und Taten weiter. „Tot ist nur, wer vergessen wird" (Immanuel Kant). Dazu passt es, eine familiäre Erinnerungskultur zu pflegen. Regelmäßige Besuche am Grab von Verstorbenen können dies unterstützen, oder auch, bestimmte symbolische Erinnerungsgegenstände (ggf. auch Fotos) an einem prominenten Ort zu Hause zu bewahren. Eine jüdische Tradition ist die „Jahrzeit": Wenn sich der Todestag jährt, wird zu Hause eine Jahrzeitkerze angezündet, die einen Tag lang brennt und an den Verstorbenen erinnert.

Rituale können bei der Trauerverarbeitung helfen.

▶ Die Gene des Verstorbenen bleiben Teil der Evolution. Besonders deutlich ist dies bei eigenen Kindern: Sie „bestehen" aus dem genetischen Erbe ihrer Eltern. Der Tod schafft den notwendigen Raum für neues Leben, für einen neuen Versuch der Evolution.

▶ Unser Universum existiert seit Milliarden von Jahren. Für unser Leben tauchen wir nur kurz auf aus unserer unendlichen Nicht-Existenz vor unserer Geburt und nach unserem Tod. Wie unwahrscheinlich ist es, zu leben! Man sollte nicht trauern um das Ende des Lebens, sondern sich freuen, dass man geboren wurde und Zeit mit geliebten Menschen verbringen durfte. Unser Leben verdient eine kosmische Perspektive – vielleicht durch einen Besuch in einer Sternwarte oder einem Planetarium.

▶ Alles Leben vergeht. Nicht nur einzelne Lebewesen sterben – sogar ganze Arten sind schon ausgestorben. Ein Besuch im Naturkundemuseum kann ein Verständnis dafür entwickeln helfen, welche Funktionen Leben und Tod im Zusammenhang der Evolution haben. Dabei lernen Kinder nicht nur etwas über den Tod, sondern auch über das Leben.

Weltliche Feste und Feiern

Feiern und Festtage begleiten den Lauf des Jahres und den Kreis des Lebens. Auch darüber hinaus gibt es viele große und kleine Anlässe zum Feiern. Für die Entwicklung Ihres Kindes ist eine familiäre Feierkultur sehr bereichernd.

6

Weltliche Feierkultur

„Feiern" bedeutet nichts anderes als einen Ort und Zeitpunkt zu schaffen, an dem Menschen zusammenkommen, um gemeinsam ein bestimmtes Ereignis in außergewöhnlicher Weise zu würdigen. Dadurch erhält dieses eine hervorgehobene Bedeutung, vielleicht sogar eine besondere Würde. Der „Feiertag" ist eben kein normaler Werktag, sondern hebt sich aus dem normalen Wochenlauf hervor. Einen festen Ritus für weltliche Feste und Feiern gibt es nicht. Kreativität und individuelle Konzepte sind gefragt.

Feiern bereichern unser Leben.

Tipp

→ *Feiern ist auch ein Stück Lebensqualität. Seien Sie nicht zu geizig damit! Der erste Zahn, die Einschulung, auch eine überstandene Krankheit können Anlässe für eine Feier im Freundes- und Familienkreis sein. Es muss ja nicht immer ein „großer Bahnhof" sein. Auch kleinere Feiern ohne viel Aufwand machen Spaß – und sie pflegen Freundschaften und Familienbande. Nutzen Sie Feste und Feiern, um den Familiensinn Ihres Kindes zu fördern.*

Feste und Feiern im Lebenslauf

Alle Kulturen kennen den Brauch, wichtige Ereignisse im Laufe des Lebens mit einer Feier zu markieren. Geburt, Ende der Kindheit, Familiengründung, Tod und Abschiednahme – auch ohne religiöse Bezüge sind diese wichtigen Wendepunkte des Lebens es wert, mit einer Feier begleitet zu werden.

Auch die Religionen setzen an diesen Ereignissen und Wegmarken in ihrer Rolle als kulturelle Dienstleister und Sinnstifter an.

Notwendig sind sie dafür aber nicht. Es gibt viele Möglichkeiten, diesem allgemein-menschlichen Bedürfnis in einem weltlichen Rahmen gerecht zu werden.

Im Lebenslauf von Kindern sind vor allem zwei Gelegenheiten von besonderer Bedeutung: die Geburt des Kindes und das Ende der Kindheit. Diese im Leben der Kinder konkurrenzlos wichtigen Ereignisse mit einer Feier zu begleiten, gehört sozusagen zum „must have" der weltlichen Feierkultur.

Feiern Sie Beginn und Ende der Kindheit!

Die Namens- oder Begrüßungsfeier

Wie alle weltlichen Rituale hat die Namensfeier keinen festen Ablauf oder Inhalt. Sie ist der Rahmen, in dem das Baby in der Welt und in der Familie begrüßt wird, in der es seinen Namen erhält und in dem seine Paten benannt werden. Für den Ablauf der Feier haben sich folgende Elemente als sinnvoll erwiesen:

- eine feierliche Ansprache,
- ein symbolisches Begrüßungsritual des Kindes mit den Eltern,
- die feierliche Vergabe des Namens,
- die Benennung des / der Paten,
- eine Umrahmung mit Gedichten, Liedern, Musik ö.ä.,
- die Übergabe von kleinen Geschenken und
- die gemeinsame Herstellung eines bleibenden Erinnerungsstücks (z.B. Händeabdrücke aus Fingerfarben, Namensfeierbuch usw.).

Freie Sprecher: Es gibt etliche freie Redner und Sprecher, die Namensfeiern professionell begleiten und mitgestalten. Solche Sprecher halten auf Wunsch auch die feierliche Rede und beraten bei der Vorbereitung. Den richtigen Ton in einer Rede zur Namensfeier zu treffen, ist natürlich nicht einfach. Sie soll ernsthaft sein, aber nicht belehrend; feierlich, aber nicht zu sehr; inhaltsreich, aber nicht langweilig. Bei der Auswahl des Sprechers sollte daher darauf geachtet werden, dass er seine Rede individuell ausarbeitet und mit den Eltern gemeinsam vorbereitet. Außerdem sollte er über ausreichende Erfahrung in seinem Metier verfügen.

Freie Sprecher unterstützen Sie bei der Ausrichtung einer Namensfeier.

Gute Redner werden keine Schwierigkeiten haben, Referenzen über ihre Tätigkeit vorzulegen. Einige arbeiten im Auftrag von humanistischen Organisationen, die für die Ausbildung der Sprecher sorgen und für die Qualität und weltanschauliche Ausrichtung ihrer Arbeit einstehen.

Die Honorare solcher freien Sprecher orientieren sich oft an den Stundensätzen anderer freier Berufe. Hinzu kommen ggf. Kosten für Anfahrt und andere Aufwendungen.

Tipp

→ *Vorsicht vor Überraschungen: Nicht alle freien Sprecher haben einen weltlichen Hintergrund. Manche verstehen sich als „freie Theologen", sind hauptberuflich eigentlich Religionslehrer, entstammen der neuheidnisch-germanischen Szene oder pflegen eine esoterische Weltsicht. Scheuen Sie sich nicht, vor dem Engagement nach den geistigen Überzeugungen des Sprechers zu fragen.*

Wofür Paten? Paten sind Wegbegleiter der Kinder und werden zum Teil der „sozialen Familie". Sie versprechen, da zu sein, wenn sie gebraucht werden, und sich in Notfällen um das Kind zu kümmern. In der christlichen Tradition überneh-

Paten können für das Kind wichtige Bezugspersonen werden.

men sie auch die Verantwortung für die religiöse Unterweisung. In einer religionsfreien Kultur kann diese Aufgabe darin bestehen, dass die Paten dem Kind insbesondere bei schwierigen ethischen und Wertfragen als Ratgeber zur Seite stehen und ihm dabei helfen, seinen eigenen Weg zu finden und zu gehen. Dadurch kann der Pate zu einer weiteren wichtigen Bezugsperson im Leben Ihres Kindes werden.

Tipp

→ *Wählen Sie eine Person Ihres Vertrauens als Paten für Ihr Kind aus. Besonders in schwierigen Situationen kann eine Vertrauensperson außerhalb des engeren Familienkreises für Ihr Kind einmal hilfreich sein.*

Die Einbeziehung von Paten dient zugleich der Erweiterung und Verfestigung des familiären Bezugsrahmens des Kindes. Für die Paten ist die Übernahme einer Patenschaft eine verantwortungsvolle Aufgabe. Sie bedeutet aber auch eine freundschaftliche Auszeichnung durch die Eltern, die durch ihre Annahme wechselseitig wird.

Wo feiern? Je nach Geschmack und Möglichkeiten kann die Feier zu Hause oder an einem anderen Ort, auch in der freien Natur, auf Schiffen oder anderen Verkehrsmitteln stattfinden. Viele Restaurants und Hotels in besonderen historischen Gebäuden oder in landschaftlich reizvoller Umgebung haben sich auf solche Familienfeiern (wie z.B. auch Hochzeiten) spezialisiert und bieten die nötige Infrastruktur für kleine Kinder an. Manche wickeln – ähnlich wie bei Hochzeitsfeiern – auch die gesamten Vorbereitungen (z.B. Einladungen) der Feier mit ab.

Welcher Name? Die Namensgabe gehört zu den wichtigen symbolischen Handlungen jeder Kultur. In bestimmten Kulturen vermutete man sogar magische Kräfte des Namens und wählte ihn entsprechend aus. Die meisten der hierzulande üblicherweise anzutreffenden Vornamen gehen auf christliche oder andere religiöse (z.B. islamische) Traditionen zurück. Andere Namen lassen sich z.B. auf germanische oder keltische Ursprünge zurückverfolgen.

Wählen Sie den Namen Ihres Kindes mit Bedacht aus.

Zu diesen traditionellen Namen kommen die den Zeitläuften unterworfenen Namen. Beliebt sind dabei besonders die Namen von Schauspielern, Popmusikern oder anderen kulturellen oder gesellschaftlichen Größen. Auch fremdsprachige, z.B. französische Namen sind mal mehr, mal weniger häufig anzutreffen. Spätestens im Kindergarten werden die Häufigkeitsverteilungen dann deutlich, wenn überraschend viele Kinder den gleichen originellen Vornamen haben.

Viele Eltern wollen ihren Lebensstil, ihre Hoffnungen und das, was ihnen wichtig ist, auch im Namen ihrer Kinder ausdrücken. Der Name kann für die Kinder später auch eine Belastung sein. Nicht jeder Name, den ihre Eltern ihnen in bester Absicht mit auf den Lebensweg geben, wird den Kindern zur anhaltenden Freude oder erfüllt sie mit Stolz. Das soll aber gewiss kein Plädoyer für Stromlinienförmigkeit bei der Namenswahl sein – nur ein Rat zur Überlegung und Voraussicht.

Die Jugendfeier

In allen Kulturen kennen wir Rituale, mit denen die Jugendlichen als vollwertige Mitglieder in die Gemeinschaft aufgenommen werden. Von der Wissenschaft wird das als „Passageritus" bezeichnet, mit dem ein neuer sozialer Status eingenommen wird. In der humanistischen Tradition werden das Ende der Kindheit und der Beginn des Erwachsenwerdens mit der Jugendfeier symbolisch markiert. Das Kind wird zum Jugendlichen. Ein Grund für eine festliche Feier mit der ganzen Familie ist das allemal.

Üblicherweise wird die Jugendfeier mit 14 Jahren begangen, wenn der Jugendliche in der achten Klasse ist. Das entspricht dem Alter der Religionsmündigkeit, in der die Jugendlichen selbst bestimmen können, ob und wenn ja, welcher Religion oder Weltanschauung sie angehören wollen. In diesem Alter finden auch in vielen Religionen solche Passageriten statt. In der protestantischen Tradition werden im gleichen Alter mit der Konfirmation die Bestätigung des christlichen Glaubens und die Aufnahme in die Kirchengemeinde gefeiert, in der katholischen Tradition findet in diesem Alter die Firmung statt. Das Judentum kennt ein ähnliches Ritual mit der bar mizwa (für Jungen) bzw. der bat mizwa (für Mädchen), die im Alter von 13 bzw. 12 Jahren die Religionsmündigkeit markiert.

Die Tradition der Jugendfeier oder, wie sie auch genannt wird, Jugendweihe, reicht bis weit ins 19. Jahrhundert zurück. Die erste Jugendweihe fand im Jahr 1852 statt. Ihr Name verweist auf die Feste der freireligiösen Gemeinden, zu denen sie ursprünglich gehörte. Diese Tradition ist aufs Engste mit den freiheitlichen Ideen der demokratischen Revolution von 1848 verbunden. Die Jugendweihe wurde in den folgenden Jahrzehnten zu einem festen Bestandteil der Arbeiterkultur im deutschsprachigen Raum. Die Arbeiterbewegung hatte aufgrund ihrer marxistisch-naturalistischen Weltanschauung wenige Gemeinsamkeiten mit den Kirchen und bildete daher eigene Traditionen und Riten heraus. In der Weimarer Republik

Die Jugendfeier hat eine über hundertjährige Tradition.

gehörte die Jugendweihe in ganz Deutschland zum festen kulturellen Bestandteil im Umfeld der SPD und KPD. Getragen wurde sie von freireligiösen, freigeistigen und freidenkerischen Vereinigungen.

In der Zeit des Nationalsozialismus wurde diese Tradition unterbrochen. Das nationalsozialistische Regime setzte eigene Rituale an ihre Stelle. In den Jahren nach seinem Zusammenbruch gelang es zunächst nur an wenigen Orten in Westdeutschland, an die alte Tradition neu anzuknüpfen. In der DDR stand man der Jugendweihe zunächst reserviert gegenüber, später wurde sie jedoch Teil der sozialistischen Staatsideologie. In der BRD setzen sich seit den 1950er Jahren die Anbieter der Feiern von der DDR-Jugendweihe durch die Umbenennung in „Jugendfeier" ab. Dadurch sollte der Feier-Aspekt betont werden – denn „weihen" wollte man ja niemanden mehr. Heute nehmen in Deutschland jährlich etwa 35.000 Jugendliche an Jugendfeiern und Jugendweihen teil (HVD 2011, Jugendweihe 2013). Die größten Anbieter sind der vor allem ostdeutsch geprägte Verein „Jugendweihe Deutschland", in dem sich auch einige westdeutsche Initiativen zusammengeschlossen haben, und der Humanistische Verband Deutschlands (Adressen siehe *Serviceteil*). In Österreich und der Schweiz sind Jugendweihen oder -feiern unbekannt.

Tipp

→ *Vorsicht: Die Internetadresse jugendfeier.de wird vom Bistum Magdeburg betrieben. Das Bistum nutzt sie, um eine katholische Alternativfeier in Ostdeutschland zu popularisieren.*

Das Vorbereitungsprogramm: Bei den meisten Anbietern ist der Jugendfeier ein breitgefächertes pädagogisches Vorbereitungsprogramm vorgelagert. In ihm werden Themen aufgegriffen, die in dieser Lebensphase von Bedeutung sind, wie z.B. Suchtfragen, Partnerschaftsfragen und Sexualerziehung. Mit zu den Programmen gehören in der Regel auch geschichtliche Themen, wie z.B. der Nationalsozialismus oder das SED-Regime, sowie die Auseinandersetzung mit Religionen und Weltanschauungen. Diese thematischen Gruppentreffen werden oftmals im Rahmen der offenen Jugendarbeit der Träger angeboten und von qualifizierten haupt- und ehrenamtlichen Mitarbeitenden geleitet. Häufig begleiten auch ehemalige Teilnehmer diese Veranstaltungen.

Jugendweihe der DDR

In der jungen DDR war die Jugendweihe zunächst verboten. Eine allgemeine staatliche Schulentlassungsfeier sollte sicherstellen, dass alle Jugendlichen – auch die kirchlich gebundenen – für die Ziele des neuen Staates geworben werden konnten. Erst mit dem Aufstand am 16. Juni 1952 erkannte das Regime, dass offenbar doch eine stärkere ideologische Ausrichtung der Jugendlichen nötig war. Dazu wurde der „Zentralausschuss für Jugendweihe" und seine vielen örtlichen Organisationsausschüsse gegründet. Sie waren künftig für die staatssozialistisch pervertierte Jugendweihe mitsamt „Vorbereitungsunterricht" und Gelöbnis auf den SED-Staat zuständig. Nach der Wende trat die „Interessenvereinigung Jugendweihe e.V." das Erbe dieser Ausschüsse an. Sie bemühte sich darum, die Jugendweihe wieder von ihrem realsozialistischen Ballast zu befreien und sie zumindest als Familienfest zu retten. Dieser Versuch wurde aus Kirchenkreisen und einigen politischen Organisationen heftig und nicht immer fair kritisiert. Doch auch von wohlwollenderen Beobachtern blieb diesen Feiern der „Ostalgievorwurf" gelegentlich nicht erspart. Über zwei Jahrzehnte nach dem Untergang der DDR dürfte dies jedoch zunehmend an Relevanz verlieren (Chowanski / Dreier 2000).

Die Jugendlichen können innerhalb ihrer Altersgruppe, aber außerhalb des schulischen Rahmens, ihre Wertebildung in einem religionsfreien Kontext fortführen. Außerdem erfüllen diese Treffen natürlich auch soziale Zwecke: Freundschaften werden geschlossen, gemeinsame Erlebnisse fördern die Sozialkompetenz. Bei manchen humanistischen Anbietern besteht die Möglichkeit, sich im Rahmen der verbandlichen Jugendarbeit auch nach der Jugendfeier weiter

Die Jugendlichen bereiten sich in Kleingruppen auf die Jugendfeier vor.

mit Gleichgesinnten zu treffen und gesellschaftlich zu engagieren. Die Teilnahme an einer Jugendfeier ist daher aus dem Blickwinkel der religionsfreien Erziehung sehr sinnvoll: Sie unterstützt die Wertebildung, schafft Gemeinschaftserlebnisse und gibt den Jugendlichen eine positive Selbstbestätigung. Außerdem ermöglicht sie es, sich im Anschluss weiter ehrenamtlich zu engagieren und Verantwortung zu übernehmen.

Die Feier: Die festliche Jugendfeier ist der Abschluss dieser Vorbereitungsphase und stellt das eigentliche Familienfest dar. Die Feier findet, je nach Anbieter, in verschiedenen Formen statt. Einfacher gehaltene Feiern werden von den traditionellen Elementen einer „Feierrede mit Kulturprogramm" getragen. Manche Anbieter haben diese Formen inzwischen aufgelöst und gestalten die Feier als aufwändigen, bunten Event. Auch die Mitwirkung der Jugendlichen selbst bei der Feier wird unterschiedlich gehandhabt.

Beispiel

Nico ist 14 Jahre alt und begeht seine Jugendfeier in festlichem Rahmen. Seine Eltern leben seit vielen Jahren getrennt. Die Verwandten sind über das ganze Bundesland verteilt. Noch nie haben die Familien der Mutter und des Vaters etwas gemeinsam gefeiert. Bei Nicos Jugendfeier sind sie alle zum ersten Mal zusammengekommen. Ein tolles Erlebnis – jetzt möchte sich auch Nicos zwei Jahre jüngere Schwester für die Jugendfeier anmelden.

Kosten: Nachdem die Anbieter der Jugendfeiern dafür keine staatliche Unterstützung erhalten und auch nicht über eigene Steuereinnahmen verfügen (wie die Kirchen über die Kirchensteuern), ist die Teilnahme an der Jugendfeier in der Regel mit Gebühren verbunden. Die Kosten der Jugendfeiern variieren dabei stark je nach Anbieter und Breite des Vorbereitungsprogramms. Wenn separate mehrtägige Jugendfahrten hinzukommen, sind diese ebenfalls mit Kosten verbunden. Für finanziell schwächere Familien ermöglichen die meisten Anbieter die Teilnahme zu ermäßigten Gebühren.

Auch Nebenkosten, wie das Outfit für die Feier und das üblicherweise für die Verwandtschaft ausgerichtete Mittagessen (bei dem dann auch die Geschenke übergeben werden können), schlagen finanziell zu Buche. Mit mehreren hundert Euro Gesamtkosten ist durchaus zu rechnen. Aber: Das Kind wird ja schließlich nur einmal „erwachsen".

Feste und Feiern im Jahreslauf

Individuelle Feste sind das eine – allgemeine Feiern kommen im weltlichen Festtagskalender hinzu. Schon aus den ältesten Kulturen sind Feierlichkeiten rund um Jahreszeiten bekannt. Sie orientieren sich oft um astronomische Wendepunkte. Es ist kein Zufall, dass sich auch die christlichen Hochfeste im Kalender um diese Marken des Sonnenlaufs gruppieren – denn sie gehen selbst auf ältere Traditionen zurück (Kahl 2000; Kahl 2012).

Weltliche Feste und Feiern lassen Raum für eigene Ideen.

Tipp

→ *Nutzen Sie religiöse Fest- und Feiertage, um mit Ihrem Kind die historischen Hintergründe dieser Feste zu besprechen. Dadurch bereichern Sie seine kulturelle Bildung. Gibt es vielleicht ähnliche Feste auch in anderen Religionen? Wenn Sie Religionen als kulturelle Eigenheiten nebeneinanderstellen, macht Ihr Kind die Erfahrung, dass sie ihren jeweiligen absoluten Wahrheitsanspruch nicht einhalten können.*

Sommersonnwende und Welthumanistentag

Die Sommersonnwende markiert den längsten Tag und die kürzeste Nacht des Jahres. Auf der Nordhalbkugel ist ihr Datum der 21. Juni. Zu diesem Zeitpunkt wird auch der Welthumanistentag gefeiert, um an diesem Tag mit der längsten Helligkeit an die philosophische Aufklärung und das Vertreiben der „geistigen Finsternis" zu erinnern.

Feiern Sie den längsten und den kürzesten Tag des Jahres!

Auch viele Vereine, besonders Sportvereine, feiern die Sommersonnwende mit einem Sonnwendfeuer – nicht nur für Mitglieder. Gelegenheiten, dieses Fest zu feiern, gibt es also recht häufig. Die Veranstaltungskalender der Tageszeitungen geben Auskunft darüber. Aber eine Sonnwendfeier ist natürlich auch in den eigenen vier Wänden oder im eigenen Garten möglich.

Wintersonnwende und Lichtfest

Die Wintersonnwende ist der kürzeste Tag des Jahres. Sie findet um den 21. Dezember statt. Humanisten feiern zu diesem Datum mit einem „Lichtfest" den Anfang vom Ende der dunklen Jahreszeit und dass die Tage wieder länger werden. Als Winterfest hat es viel mit Gemütlichkeit und Wärme zu tun. Kerzen, Tannenzweige und gutes Essen gehören auf jeden Fall dazu.

Tag- und Nachtgleichen

Tage und Nächte befinden sich zweimal jährlich im Gleichgewicht: Im Frühling um den 21. März, und im Herbst um den 23. September. Beide Feste haben ganz natürlich mit Fruchtbarkeit zu tun. Im März beginnt die Erde wieder grün zu werden – „vom Eise befreit sind Strom und Bäche", wie Goethe in seinem „Osterspaziergang" schrieb. Im Herbst ist Erntezeit. Die Tage werden kürzer, und es ist die Zeit, sich über das Erreichte – die „Ernte" – zu freuen, aber auch an Vergangenes zu denken.

Es wird Ihnen leicht fallen, Anlässe zu finden, die bei der Ausdeutung dieser jahreszeitlichen Feste einen guten Inhalt geben können. Auf jeden Fall lassen sie eine Pause in der Hektik des Alltags zu und ermutigen, kurz innezuhalten und ganz im „Hier und Jetzt" anzukommen.

Lassen Sie sich von den Jahreszeiten zu Festen inspirieren.

Darwin Day

Der Geburtstag des Entdeckers der Evolution, Charles Darwin, fällt auf den 12. Februar. Seine Lehre hat die religiöse Weltdeutung wie keine andere seit Kopernikus erschüttert. Bis heute begründet die Evolutionstheorie unsere moderne Sicht auf die Entwicklung des Lebens: „Nichts ergibt in der Biologie einen Sinn, außer man betrachtet es im Lichte der Evolution" (Dobzhansky 1973).

Tipp

→ *Nehmen Sie den Darwin Day als Anlass zu einem Besuch im Naturkundemuseum oder im Zoo und bestaunen Sie dort die Vielfalt der Evolution.*

Der „Darwin Day" ist ein Feiertag für die Wissenschaft. Besonders im anglo-amerikanischen Raum ist dieser Tag ein beliebter Feiertag in humanistischen Kreisen, aber auch im deutschsprachigen Raum gibt es immer wieder Veranstaltungen dazu.

Tipp

→ *Einen beeindruckenden Überblick über evolutionäre Zusammenhänge anhand von Skeletten gibt der auch künstlerisch wertvolle Fotoband „Evolution" (Panafieu / Gries 2007).*

Und was ist mit all den anderen Festen?

Es dient der religionskundlichen Bildung, sich mit Festen der christlichen und der nicht-christlichen Religionen auseinander-zusetzen und sie mit zu feiern. Feste mit einer sehr hohen spiri-tuellen Aufladung sind dafür möglicherweise weniger geeig-net; schließlich geht es ja nicht darum, eine religiöse Erfahrung zu teilen, sondern Verständ-nis für die Vielfalt menschlicher Kultur zu erlan-gen. Außerdem ist nicht bei jeder religiösen Übung ein neugieriger Zaungast gern gesehen. Bei manchen Gelegenheiten sind Gäste aber ausdrücklich willkommen. Viele muslimische Gemeinden feiern z.B. das Fastenbrechen nach dem Ramadan offen für alle als Zuckerfest (türk. Şeker Bayramı). Setzen Sie sich mit Ihrem Kind vorher mit den Inhalten und dem Sinn des Festes auseinander, damit Sie verstehen können, was und warum gefeiert wird. Vielleicht finden Sie ja einen Nach-barn oder Kollegen, der Sie mitnimmt und Ihnen die Feinheiten erklärt? So kann nicht nur die religiöse Bildung verbessert wer-den, sondern Sie leisten auch einen Beitrag zur Integration der Kulturen in unserer Gesellschaft.

Feiern kann man nie genug.

Aber abgesehen davon: Feiern kann man nie genug. Schließlich gibt es nur ein Leben, und das ist kurz genug. Ostern, Weihnach-ten, Nikolaus, Halloween – das alles sollten Sie auch feiern, natürlich! Geburtstage sowieso. Ostereier, Weihnachtsbäume und Geschenke – wer will darauf schon verzichten?

Die religiösen Inhalte mancher dieser Feste können für den Hausgebrauch leicht verweltlicht werden, falls sie überhaupt noch erkennbar sind. Hase und Ei sind Fruchtbarkeitssymbole des Frühjahrs und der Aussaat. Sie haben mit der Passion Christi nichts zu tun. Der Weihnachtsmann ist – zumindest in seinem heutigen Zuschnitt – bekanntlich ein Promotion-Produkt aus der Coca-Cola-Werbung, und vom Weihnachtsbaum steht auch nichts in der Bibel – er ist ein Kind des 19. Jahrhunderts. Das Christkind hat seinerzeit höchstwahrscheinlich Martin Luther erfunden und als Geschenkbringer gegen den heiligen Nikolaus, der in der katholischen Tradition die Geschenke brachte, in Stellung gebracht (aus Protest gegen die Heiligenverehrung der Katholiken). Hatte Martin Luther mit dem Christkind vermutlich noch Christus selbst gemeint, so bekam es im Laufe der Zeit immer mehr weibliche, engelhafte Züge und wird heute in der Regel als weibliches Christkind dargestellt. Sie sehen also: Die religiösen Bezüge unserer abendländischen Feierkultur wieder zu entdecken, ist fast schon ein archäologisches Abenteuer.

Feiern Sie die Feste der Religionen mit!

Feste und Feiern sind ein Ausdruck menschlicher Kultur. Sie gliedern das Jahr, markieren Wendepunkte im Leben eines Menschen und heben besondere Ereignisse hervor. Die weltliche Feierkultur zeichnet sich dadurch aus, dass sie viel Raum für eigene Ideen und Kreativität lässt. Dabei können Feste und Feiern auf vielfältige und ungezwungene Weise zur Wertebildung und der kulturellen Bildung beitragen. Vor allem dienen sie dem familiären und freundschaftlichen Zusammenhalt. Das macht sie sehr wertvoll für das Aufwachsen Ihres Kindes.

In der Kindertagesstätte

Welche Kita ist die richtige für mein Kind? Angesichts der vielen kirchlichen Einrichtungen und der oft religiös getönten gesetzlichen Vorgaben ist es nicht einfach, eine religionsneutrale Kita zu finden. In diesem Kapitel erfahren Sie, warum das so ist und was Sie tun können.

7

Zu Hause oder in der Kita?

Die Familie ist der natürliche Ort, an dem Kinder aufwachsen. Ergänzend dazu bieten moderne Kindertagesstätten den Kindern viele Bildungs- und Erfahrungsmöglichkeiten, die ihnen das Elternhaus allein nicht bieten kann. Deshalb kann es auch für nicht berufstätige Eltern sinnvoll sein, ihre Kinder in einer Kita betreuen zu lassen. Für viele berufstätige Eltern ist die Kindertagesbetreuung ohnehin schlichtweg notwendig. Der Begriff „Kindertagesstätte" (Kita) wird im Folgenden als Oberbegriff für Bildungs- und Betreuungseinrichtungen für Kinder von 0 bis 6 Jahren verwendet. „Kinderkrippen" bezeichnen Einrichtungen, die Kinder von 0 bis 3 Jahren aufnehmen, „Kindergärten" Einrichtungen für Kinder von 3 bis 6 Jahren.

Kinderkrippen nehmen Kinder schon ab einem Alter von einem Jahr auf, manche sogar früher. Vorbehalte gegen die Betreuung von Kleinkindern in Krippen sind nicht nötig. Kitas sind heute nicht nur „Verwahranstalten" (so der Ausdruck im 19. Jahrhundert), sondern Bildungseinrichtungen, die den Kindern wertvolle Entwicklungsimpulse geben können. So kam schon 2008 eine Studie im Auftrag der Bertelsmann-Stiftung zum

Der Besuch einer Kinderkrippe kann das Kind weiterbringen.

Ergebnis, dass der Krippenbesuch die Bildungschancen von Kindern merklich erhöht (Fritschi / Oesch 2008). Allerdings ist nicht jede Kita gleich. Entscheidend dafür, ob das Kind sich in der Einrichtung wohlfühlt, ist die Qualität der pädagogischen Arbeit und der räumlichen Umgebung dort (siehe Checkliste S. 109).

In Deutschland folgt dem bereits bestehenden Rechtsanspruch auf einen Kindergartenplatz ab dem Jahr 2013 der Rechtsanspruch auf einen Krippenplatz (ab dem vollendeten ersten Lebensjahr). Dieser allgemeine Anspruch übertrifft die Regelungen in Österreich und der Schweiz, die eine solche Garantie nur eingeschränkt (Schweizer Kantone) der gar nicht (Österreich) kennen. Eine Pflicht zum Kindergartenbesuch gibt es in Deutschland – anders als in einigen Kantonen der Schweiz oder für das letzte Kindergartenjahr in Österreich – aber bisher nicht.

Der Kita-Ausbau stellt viele neue Betreuungsplätze zur Verfügung.

Durch die vielen in letzter Zeit neu entstandenen Einrichtungen ist für Eltern die Auswahl von Trägern und pädagogischen Konzepten vielfältiger geworden, wenn auch kirchliche Träger ihre marktbeherrschende Stellung zugleich noch weiter ausbauen konnten.

Parallel zum Ausbau des Platzangebots findet auch eine Verbesserung der Qualität der pädagogischen Arbeit in den Kitas statt.

Die pädagogische Qualität der Kitas verbessert sich.

Dies schlägt sich unter anderem in der Verabschiedung von Bildungsplänen für Kitas nieder, in denen – ähnlich wie in Lehrplänen für Schulen – bestimmte Bildungsziele für Kita-Kinder festgelegt werden.

Rahmenbedingungen für die Betreuung in der Kita

Kaum eine Kindertagesstätte kann religiösen und weltanschaulichen Fragen indifferent gegenüberstehen, wenn Sie eine gelingende Erziehungspartnerschaft zwischen Eltern und Kita umsetzen möchte. Nur die wenigsten Eltern werden hier keinerlei – religiöse, atheistische oder agnostische – Grundüberzeugungen und Meinungen haben. Daher muss jede Kita dieses Thema in irgendeiner Form aufnehmen. Die Bildungspläne der

Bundesländer, die zur Verbesserung der Qualität in den Kitas seit einigen Jahren erarbeitet wurden, geben den Einrichtungen hierzu Orientierungen. Diese fallen unterschiedlich aus, je nach kultureller und politischer Situation des Landes. Die Spanne ist denkbar weit. Das „Berliner Bildungsprogramm für die Bildung, Erziehung und Betreuung von Kindern in Tageseinrichtungen bis zum Schuleintritt" (Senatsverwaltung für Bildung, Jugend und Sport 2004) betont das Miteinander verschiedenster Kulturen, Weltanschauungen und Religionen. Es legt einen Schwerpunkt auf Toleranz und Weltoffenheit.

Die Bildungspläne behandeln Fragen der Religionserziehung in Kitas unterschiedlich.

Ähnlich verfahren auch die meisten anderen Bildungspläne. Der „Bayerische Bildungs- und Erziehungsplan für Kinder in Tageseinrichtungen bis zur Einschulung" (BStMAS 2006), kurz BEP, befasst sich ausführlich mit der Vermittlung „ethischer und religiöser Bildung" und stellt diese als wesentliches Erfordernis der pädagogischen Qualität dar. Doch dahinter verbirgt sich im BEP ein Programm, das vor allem die Vermittlung religiöser Erfahrungen zum Thema hat. Die Entwicklung ethischer Gesinnung in einem religionsfreien Rahmen kennt der BEP nicht, im Gegenteil: „Religion und Ethik sind wechselseitig aufeinander angewiesen" (S. 178). Religionsfreie Eltern in Bayern haben jedoch mit den im Vergleich sehr kirchenfreundlichen ministeriellen Vorgaben einen – wahrscheinlich unbeabsichtigten – Joker erhalten. Im BEP wird nämlich die „ethische und religiöse Bildung" bemerkenswerterweise als „Aushandlungssache" definiert – der Bildungsgegenstand und die entsprechenden Angebote sollen mit den Eltern (und dem Team und dem Träger) besprochen und dabei „ausgehandelt" werden. Dies gilt ausdrücklich auch für kirchliche Einrichtungen. So erstaunlich diese Vorgabe auch sein mag: Sie bietet religionsfreien Eltern die Chance, genau hier einzuhaken und auf der „Aushandlung" der weltanschaulichen Angebote für ihr Kind mit ihnen zu bestehen (S.178 f.).

Sollten Sie die Bildungspläne für die frühkindliche Betreuung selbst einsehen wollen, finden Sie im *Serviceteil* Zugriffsinformationen zu den Bildungsplänen in Deutschland und Österreich.

Eine Frage der Trägerschaft?

Eine Besonderheit der deutschen Wohlfahrtspflege, zu der auch die Kitas gehören, ist die freie Trägerschaft. Sie fußt auf der Idee, dass der Staat selbst nur tätig werden soll, wenn die Bürger ihre Angelegenheiten nicht selbst organisieren können. Dieses „Subsidiaritätsprinzip" ist in der katholischen Soziallehre verankert und hat von dort in die Politik ausgestrahlt. Demnach genießen freie Träger – in der Regel gemeinnützige Organisationen – Vorrang bei der Bereitstellung von sozialen Dienstleistungen gegenüber den Kommunen oder Ländern. Aufgrund dieses Modells kam es in den vergangen Jahrzehnten zu einem enormen Wachstum dieser Trägerlandschaft. Insbesondere im kirchlichen Bereich – vor allem bei Diakonie und Caritas – entstanden Sozialkonzerne mit vielen tausend Beschäftigten. Im medizinischen Bereich gibt es sogar kirchliche gemeinnützige Aktiengesellschaften. Zusammengenommen beschäftigen Anbieter, die in den beiden christlichen Dachverbänden zusammengeschlossen sind, heute weit über eine Million Menschen in Deutschland (Müller 2013).

Die meisten Kitas in freier Trägerschaft sind kirchlich.

Auch bei den Anbietern der Kinderbetreuung hat sich diese Entwicklung niedergeschlagen. So sind die meisten frei getra-

genen Kitas in kirchlicher Hand, wobei entweder die Pfarrge-
meinde als Träger auftritt oder ein kirchlich dominierter Trä-
gerverein. Auch gemeinnützige GmbHs sind
verstärkt anzutreffen. Von den beiden großen
Kirchen und ihren Trägerorganisationen werden
in Deutschland derzeit über 18.000 Kindertagesstätten getragen, das entspricht einem Anteil von 35 % aller Kitas. Öffentliche Träger, wie Städte und Gemeinden, ran-
gieren mit 33 % der Kitas nur an Platz zwei. Der Rest verteilt
sich auf ein buntes Feld freier Träger (Rauschenbach / Schilling
2012, 3).

In Städten gibt es mehr Trägervielfalt.

In den größeren Städten kann in der Regel davon ausgegangen
werden, dass es eine gewisse Vielfalt von Kita-Trägerschaften
gibt, die auch den Bedürfnissen religionsfreier Eltern gerecht
werden. Nicht immer ist jedoch ein Betreuungsplatz in der
Wunsch-Kita leicht zu haben. Es kann daher durchaus vorkommen, dass für religionsfreie Eltern trotz der Trägervielfalt doch
nur ein kirchlicher Kindergarten infrage kommt. In ländlichen
Regionen Westdeutschlands ist dies ohnehin die Regel. Denn
dort bestimmen die Kirchen nach wie vor die Trägerlandschaft.
Manchmal sind christliche Träger sogar die einzigen Anbieter
vor Ort.

Beispiel

*Als Beispiel dafür kann der niedersäch-
sische Landkreis Osnabrück dienen. Von
den dortigen 145 Kitas sind 101 (70 %) in
kirchlicher Trägerschaft. 18 werden von
Kommunen getragen, 26 von sonstigen
Trägern (davon 6 von der Arbeiterwohlfahrt und 3 vom Deutschen Roten
Kreuz). 77,4 % der Kindergartenplätze
und 69,6 % der Krippenplätze werden
im Landkreis Osnabrück von kirchlichen
Trägern zur Verfügung gestellt. In etli-
chen Gemeinden des Landkreises haben
kirchliche Träger quasi eine „Monopol"-
Stellung (Landkreis Osnabrück 2012).*

In der Schweiz gibt es eine so ausgeprägte freie Trägerland-schaft wie in Deutschland nicht. Üblicherweise sind Kitas dort in staatlicher Trägerschaft.

In Österreich dominieren bei der Kindestagesbetreuung öffent-liche Träger wie die Gemeinden. Die Kirchen oder andere freie Träger spielen nur eine untergeordnete Rolle. Einzig in der Met-ropole Wien gibt es eine mit vielen freien Trägern breit aufgefä-cherte Trägerlandschaft (Dörfler / Kaindl 2007).

Kirchliche Kitas

Angesichts der oft marktbeherrschenden Stellung, die den Kir-chen im Kitabereich sozialpolitisch in Deutschland zugestan-den wurde, kommen auch religionsfreie Eltern häufig nicht da-rum herum, sich mit der Arbeitsweise solcher Einrichtungen zu befassen.

Kirchliche Beschäftigte: Die Kirchen und ihre Organisationen ha-ben in Deutschland besondere Privilegien im Arbeitsrecht, die ihnen sehr weitreichende religiöse Vorgaben für ihre Mitarbeiter ermöglichen. So beschäftigen die kirchlichen „Tendenzbetriebe" in der Regel nur Mitarbeiter, die der jeweiligen Kirche oder zumindest einer derjenigen Religi-onsgemeinschaften angehören, die sich in der „Arbeitsgemeinschaft christlicher Kirchen" zu-sammengeschlossen haben. Insbesondere katho-lische Arbeitgeber legen viel Wert darauf, dass ihre Mitarbeiter ihr Leben nach katholischen Verhaltensnormen ausrichten. Ein Verstoß dagegen, auch im Privatleben, führt re-gelmäßig zu arbeitsrechtlichen Konsequenzen bis hin zum Ver-lust des Arbeitsplatzes. Für den Kirchenaustritt gilt dies ohnehin.

Beschäftigte der Kirche müssen ihr angehören, gerade auch in den Kitas.

**Alexandra Ehmke /
Katrin Rulffes
Und die Kinder?**
Psychologische und recht-
liche Hilfen für Eltern bei
Trennung und Scheidung
(»Kinder sind Kinder«; 37)
2012. 213 S.
(978-3-497-02238-0)
€ [D] 19,90 / € [A] 20,50

Wenn Eltern sich trennen

Wenn Eltern sich trennen, ändert sich plötzlich der gesamte Alltag. Viele Fragen tauchen auf: Wie verhalte ich mich richtig gegenüber meinem Kind? Wie spreche ich mit ihm über den anderen Elternteil? Welche Umgangs-regelungen sind sinnvoll? Wie berechnet sich der Unter-halt? Die Autorinnen antworten konkret und anschaulich mit vielen wertvollen psychologischen und juristischen Tipps. Das Buch wird zu einem hilfreichen Begleiter in die-ser schwierigen Lebenssituation.

Kostenloses Zusatzmaterial auf www.reinhardt-verlag.de:

- Umgangsvereinbarung
- Umgangsfragen
- 10 Wünsche von Kindern an ihre Eltern

**Franz J. Mönks /
Irene H. Ypenburg
Unser Kind ist hochbegabt**
Ein Leitfaden für Eltern
(»Kinder sind Kinder«; 14)
5., neu gest. und aktual. Aufl.
2012. 151 S.
(978-3-497-02259-5)
€ [D] 16,90 / € [A] 17,40

Hochbegabung frühzeitig erkennen und optimal fördern

Eltern hochbegabter Kinder stehen noch immer vor großen Unsicherheiten. Was ist Hochbegabung überhaupt? Woran erkennt man sie? Was bedeutet sie für die Erziehung in Familie und Schule?
Fundiert informiert dieser bewährte Ratgeber Eltern rund um das Thema Hochbegabung. Zahlreiche Tipps für Erziehung und Förderung zu Hause und in der Schule helfen dabei, den besonderen Begabungen und Bedürfnissen der Kinder gerecht zu werden.

Vassilia Triarchi-Herrmann
Mehrsprachige Erziehung
Wie Sie Ihr Kind fördern
(»Kinder sind Kinder«; 25)
3., überarb. Aufl. 2012.
155 S. Mit zahlr. Abb.
(978-3-497-02272-4) kt
€ [D] 16,90 / € [A] 17,40

Mit fünf Prinzipien für den mehrsprachigen Familienalltag

Wenn Mama und Papa verschiedene Sprachen sprechen, haben Kinder die wertvolle Chance, mehrere Sprachen gleichzeitig zu lernen. Eltern stellen sich viele Fragen: Wie bin ich selbst ein gutes Sprachvorbild für das Kind? Was mache ich, wenn mein Kind die Sprachen verwechselt? Wann sollte ich einen Sprachtherapeuten aufsuchen? Mit vielen Fallbeispielen und wertvollen Tipps vermittelt die Autorin den Eltern Handlungssicherheit für den mehrsprachigen Alltag.

Ulrich Heimlich
Gemeinsam von Anfang an
Inklusion für unsere Kinder
mit und ohne Behinderung
(»Kinder sind Kinder«; 38)
ca. Juli 2012. ca. 148 S.
(978-3-497-02294-6)
ca. € [D] 19,90 / € [A] 20,50

Wertvolle Strategien für Eltern

Inklusion ist in aller Munde. Kinder mit und ohne Behinderungen sollen von Anfang an gemeinsam lernen und
leben.
Der Autor zeigt anhand vieler Praxisbeispiele einen inklusiven Bildungs- und Entwicklungsweg, gibt Eltern Tipps
und Anregungen. Verständlich und anschaulich werden die
Basisinfos zum Thema Inklusion vermittelt – ein Muss für
alle Eltern, deren Kinder „inklusiv" lernen und leben sollen!

Sylvia Weber
Linkshändige Kinder richtig fördern
Mit vielen praktischen Tipps
Geleitwort von J. B. Sattler.
(»Kinder sind Kinder«; 23)
3., überarb. Aufl. 2008. 128 S. Zahlr.
Fotos u. Zeichnungen
(978-3-497-01964-9)
€ [D] 14,90 / € [A] 15,40

Grundlagen zum Verständnis der Händigkeit

Wie mache ich das mit links? Eine Schleife binden, den
Computer bedienen, Musikinstrumente benutzen, und vor
allem mit links unverkrampft schreiben?
Sylvia Weber, die ihre Linkshändigkeit erst als Erwachsene
entdeckte, kennt die Fragen und Sorgen der Eltern. Sie beschreibt wichtige Grundlagen zum Verständnis der Händigkeit, erklärt, woran Eltern die Händigkeit ihres Kindes
früh erkennen können. Und sie gibt hilfreiche Tipps, wie
Eltern, ErzieherInnen und LehrerInnen die natürliche Bevorzugung der linken Hand sinnvoll unterstützen können.
Mit zahlreichen Abbildungen und Zeichnungen ist dieses
Buch ein wertvoller Begleiter für Familien.

Frühe Rhythmen

Der Autor erklärt Eltern die spannendsten Forschungsergebnisse zum Musikerleben von der Schwangerschaft bis in die frühe Kindheit. Für jede Entwicklungsphase gibt er Anregungen, wie man Kinder spielerisch mit Musik begleiten, fordern und anregen kann.

Hans-Helmut Decker-Voigt: Mit Musik ins Leben
Unter Mitarbeit von S. Behnk
(»Kinder sind Kinder«; 31)
2008. 213 S. 15 Abb. (978-3-497-01928-1) € [D] 17,90 / € [A] 18,40

Das Schreien verstehen lernen

Manche Babys schreien sehr häufig und scheinbar ohne Grund. Für die Eltern ist dieses ständige Schreien oft eine große Belastung: Sie fühlen sich unsicher, erschöpft, machtlos und allein gelassen. Mauri Fries zeigt, wie Eltern sich und ihrem Baby helfen können.

Mauri Fries: Unser Baby schreit Tag und Nacht
Hilfen für erschöpfte Eltern
(»Kinder sind Kinder«; 18)
2., neugest. Aufl. 2006. 125 S. Mit 10 Fotos. (978-3-497-01849-9)
€ [D] 12,90 / € [A] 13,30

Walburga Brügge /
Katharina Mohs
So lernen Kinder sprechen
Die normale und die gestörte
Sprachentwicklung
Mit Fotos von A. Zill
(»Kinder sind Kinder«; 9)
6., überarb. Aufl. 2007. 106 S.
(978-3-497-01947-2)
€ [D] 12,90 / € [A] 13,30

Die Sprachentwicklung

Wie lange darf ein Kind Fehler beim Sprechen machen?
Was können Eltern für die Sprachentwicklung ihres Kindes tun? Dieses Buch gibt einen Überblick über den Verlauf der normalen Sprachentwicklung und erläutert die
dazu notwendigen Voraussetzungen. Mögliche Störungen
werden aufgezeigt und erklärt. Zahlreiche Spielvorschläge
regen zu einem kreativen Umgang mit Sprache an.

Von den Autorinnen außerdem erschienen:

Wenn ein Kind anfängt zu stottern
Ratgeber für Eltern und Erzieher
(»Kinder sind Kinder«; 2)
4., völlig neu bearb. Aufl. 2006. 87 S. 15 Abb.
(978-3-497-01869-7) kt
€ [D] 9,90 / € [A] 10,20

Anne Boller
Mein Kind kommt in den Kinder-garten
(»Kinder sind Kinder«; 33)
2008. 108 Seiten.
(978-3-497-02041-6)
€ [D] 12,90 / € [A] 13,30

Die Eltern als Basis im Eingewöhnungsprozess

Wenn ein Kind in den Kindergarten kommt, stellen sich die Eltern viele Fragen: „Wird mein Kind dort gut betreut?", „Wird es sich wohlfühlen?", „Wie kann ich mein Kind unterstützen?" Beinahe alle Kinder kommen mit der neuen Gruppe besser zurecht, wenn eine vertraute Person sie in den ersten Tagen begleitet. So unterschiedlich die Kinder auch sind, allen dient die vertraute Person als sichere Basis. Anne Boller zeigt an Beispielen aus ihrer langjährigen Praxis, wie man ein Kind unterstützen kann, damit es gut im Kindergarten ankommt.

**Christine Hagemann /
Ingrid Börner
Schulfähig mit Montessori**
Optimale Vorbereitung in der Kita
(»Kinder sind Kinder«; 17)
2., überarb. Aufl. 2009. 123 S.
28 Abb. 1 Tab.
(978-3-497-02113-0)
€ [D] 12,90 / € [A] 13,30

Vom Kindergarten in die Schule

Beim Übergang vom Kindergarten in die Schule müssen
Kinder zahlreiche neue Aufgaben und Anforderungen bewältigen. ErzieherInnen können die Kinder mithilfe der
Montessori-Pädagogik dabei begleiten.
Wie lassen sich Montessori-Materialien im Kindergarten
zur Schulvorbereitung einsetzen? Welche Kompetenzen
können mit dem Ansatz von Montessori unterstützt werden, und welche Vorläuferfunktionen können gefördert
werden? Die Autorinnen antworten auf diese Fragen und
zeigen praxisorientiert, wie man Kinder mit Montessori-
Material auf die Schule vorbereiten kann.

Thomas Böhm
Elternrechte in der Schule
So machen Sie sich stark für
Ihr Kind
(»Kinder sind Kinder«; 29)
2007. 169 S. Zahlr. Abb.
(978-3-497-01907-6)
€ [D] 16,90 (fPr.) / € [A] 17,40 (fPr.)

Ärger mit der Notengebung?

Die Schule ist aus dem Alltag von Eltern und Kindern nicht wegzudenken. Eltern, Schüler und Lehrer sollten daher die rechtlichen Regeln kennen, die das Schulleben prägen. Thomas Böhm erläutert anhand zahlreicher aktueller Fälle und Gerichtsentscheidungen die Handlungsmöglichkeiten aller Beteiligten, gibt Ratschläge zum konstruktiven Umgang mit Konfliktsituationen und zeigt Wege auf zur Zusammenarbeit von Eltern und Lehrern im Interesse der Kinder.

Karl E. Dambach
Mobbing in der Schulklasse
(»Kinder sind Kinder«; 15)
3., überarb. Aufl. 2009. 118 S.
10 Abb. (978-3-497-02083-6)
€ [D] 14,90 / € [A] 15,40

Wegsehen gilt nicht

Wann beginnen Psycho-
terror und Mobbing? Was können Lehrer und Eltern tun,
um Mobbingopfer zu schützen? Karl. E. Dambach zeigt
die typischen Verhaltensmuster, die bereits in der Schule
gelernt und geübt werden. Er schildert konkrete Maß-
nahmen der Mobbingprävention und -intervention, vom
Gespräch mit dem Mobbingopfer bis zum Thematisieren
des Gruppenverhaltens in der Klasse.

Von Karl E. Dambach außerdem erschienen:

Zivilcourage lernen in der Schule
Unter Mitarbeit von C. Tauscher und N. Wilhelm
(»Kinder sind Kinder«; 28)
2005. 109 Seiten. 18 Abb. 6 Tab.
(978-3-497-01748-5)
€ [D] 14,90 (fPr.) / € [A] 15,40 (fPr.)

Andreas Mehringer
Eine kleine Heilpädagogik
Vom Umgang mit „schwierigen"
Kindern
Mit einem Nachwort von R. Merten
(»Kinder sind Kinder«; 12)
12. Aufl. 2008. 98 Seiten.
(978-3-497-01958-8)
€ [D] 12,90 / € [A] 13,30

Ein Klassiker der Heilpädagogik

Dr. Andreas Mehringer gibt einen im besten Sinne des Wortes einfachen Rat aus seiner langjährigen Erfahrung als Heimleiter. Hilfreich ist dieses Buch für Erzieher und Heimerzieher, für Lehrer und Leiter von Kinder- und Jugendgruppen, für angehende Heilpädagogen und Sozialpädagogen, und nicht zuletzt für die Eltern – auch Pflege- und Adoptiveltern – selbst.

In der Reihe »Kinder sind Kinder«
außerdem erschienen:
Thomas Lang
Kinder brauchen Abenteuer
(»Kinder sind Kinder«; 13)
3., erw. Aufl. 2006. 103 S. 12 Abb.
(978-3-497-01879-6)
€ [D] 12,90 / € [A] 13,30

Weiter sind in katholischen Kitas gelegentlich Ordensschwes-tern tätig, die sich einer besonders religiösen Lebensführung und Weltsicht verpflichtet sehen. Religionsfreie Eltern können somit nicht davon ausgehen, unter den Beschäftigten von kirch-lichen Kitas Gleichgesinnte anzutreffen – zumindest nicht offen.

Religiöse Inhalte der Pädagogik bei kirchlichen Trägern: In den von den Kirchen getragenen Kitas steht die religiöse Erziehung der Kinder besonders weit im Vordergrund. Kindergottesdiens-te, Besuche des Pfarrers, gemeinsames Beten, das rituelle Begehen religiöser Feiertage, christli-ches Liedgut und Bilderbücher mit Bibelge-schichten gehören hier zum Alltag. Kein Wunder: Ihre Kitas spielen aus Sicht der Kirchen für die Glaubensweiter-gabe und die Mission eine besondere Rolle (siehe z.B. Bistum Limburg 2010; Bistum Trier 2007, 12).

Die Kirchen nutzen ihre Kitas auch zur Mission.

Tipp

→ *Die ersten Jahre zählt der familiäre Einfluss weit mehr als die pädago-gischen Einflüsse von Kitas. Allerdings setzt das voraus, dass Eltern ihre Kin-der im Rahmen einer intakten Eltern-Kind-Beziehung schon in sehr frühen Jahren aktiv miterleben lassen, wie sie ihre Weltanschauung leben.*

Doch auch die Konzepte evangelischer Einrichtungen weisen ein starkes christliches Profil auf. Ein Beispiel: Die Nürnberger „Kindertagesstätte im Nordostpark" des Stadtmission e.V. (Dia-konisches Werk) befindet sich in einem campusartigen Techno-logiepark. Als ein konzeptioneller Schwerpunkt der Kita wird das „interkulturelle Lernen" bezeichnet. Doch schon die „Ver-mittlung von Kulturen" soll u.a. durch „Gebete" und den „Be-such religiöser Stätten" stattfinden (Stadtmission Nürnberg 2012, 13). Biblische Geschichten und religiöse Feste sollen den

Kindern zeigen, „wie unterschiedlich sich Menschen auf Gott beziehen" (Stadtmission Nürnberg 2012, 22). Von der Möglichkeit, Kinder ohne religiöse Bezüge aufwachsen zu lassen, findet sich in der „interkulturellen" Konzeption dieser Kita kein Wort.

Wie damit umgehen? Religionsfreie Eltern werden in aller Regel ihre Kinder kirchlichen Einrichtungen nicht anvertrauen wollen.

Es gibt Gegenstrategien für religionsfreie Eltern.

Denn in einer Kita mit religiös grundiertem Konzept wird das Kind nahezu zwangsläufig in religiösem Sinne beeinflusst werden. Falls es also keine andere Wahl gibt, stellen kirchliche Kitas Eltern, die ihre Kinder religionsfrei erziehen wollen, vor ernsthafte Probleme.

Tipp

→ *Wenn Sie mit der religiösen Ausrichtung Ihrer Kita unzufrieden sind, helfen Sie der Einrichtung, offener zu werden. Bieten Sie z. B. ein Projekt zum Thema Feierkultur für die Kinder an und verbinden Sie es mit jahreszeitlichen Festen. So könnte z. B. im Dezember einmal jedes Kind in der Gruppe erzählen, wie, was und ob seine Familie Weihnachten feiert. Dann diskutieren die Kinder darüber – was ihnen daran gefällt, was ihnen vielleicht merkwürdig vorkommt. In der Vielfalt wird erkennbar, dass kulturelle und auch religiöse Gewohnheiten individuell sehr unterschiedlich sind. So lernen die Kinder, dass es absolute Wahrheiten und kulturell „richtiges" Verhalten nicht gibt. Die Welt ist bunt, und niemand ist „falsch" – enttarnen Sie die Diskriminierung und genießen Sie gemeinsam mit den Kindern die Vielfalt. Zeigen Sie den Kindern, wie bereichernd die Unterschiedlichkeit sein kann. Leben Sie Toleranz vor.*

Manchmal werden die Dinge aber nicht so heiß gegessen, wie sie gekocht werden – manchmal allerdings auch noch heißer. Deshalb sollten Eltern konkret prüfen, wie der formulierte Anspruch vor Ort tatsächlich ausgeprägt ist. Wird z. B. zumindest die Freiwilligkeit der religiösen Angebote gewährleistet? Werden neben religiösen auch andere Weltbilder zugelassen? Entscheidend ist oftmals ohnehin, wie die handelnden Personen mit den konzeptionellen Grundlagen der Einrichtung umgehen, wie diese also „gelebt" werden. Ist das Personal weltoffen, oder ist es oder missionarisch eingestellt? Wie stehen andere Eltern zur Religion – gibt es vielleicht noch mehr Religionsferne unter ihnen, mit denen Sie sich vernetzen können? Auch die verbindlichen Bildungspläne können als Argumentationshilfe genutzt werden.

Nicht die gesamte Bildung des Kindes findet in der Kita statt.

Außerdem findet ja nicht die gesamte Bildung des Kindes nur in der Kita statt. Zu Hause können Eltern die Erlebnisse des Kindes in der Kita reflektieren, einordnen und durch eigene Angebote ergänzen.

Tipp

→ *Wenn in Ihrer Region eine Dominanz kirchlicher Träger besteht, versuchen Sie doch politisch darauf einzuwirken, dass zumindest bei neuen Kitas nicht abermals kirchliche Träger zum Zuge kommen. Die Entscheidung darüber liegt bei den Stadt- und Gemeinderäten. Oftmals sind auch religiös neutrale Anbieter an neuen Einrichtungen interessiert. Schon die Erzwingung eines offenen Ausschreibungsverfahrens kann hier hilfreich sein.*

Andere freie Träger

Differenzierter ist das Bild, das konfessionell nicht gebundene Träger aufweisen. Die Arbeiterwohlfahrt z. B. versteht sich als überkonfessionell, aber nicht als ausdrücklich nicht-religiös. Das gleiche gilt für das Deutsche Rote Kreuz (DRK). Einrichtungen, die vom Deutschen Paritätischen Wohlfahrtsverband (DPWV) betrieben werden, sind in der Regel ebenfalls überkonfessionell ausgerichtet. Der DPWV versammelt allerdings unter seinen vielen Mitgliedsorganisationen auch ausgesprochen religiöse Träger, z.B. solche aus dem Bereich der evangelikalen Freikirchen, ebenso aber auch humanistische Träger, wie z.B. den HVD. Hier lohnt es sich, genauer hinzusehen und die Konzeptionen der Einrichtungen und Hintergründe der Träger genauer unter die Lupe zu nehmen.

Es gibt auch religionsfreie Träger von Kitas.

Tipp

→ *Die meisten Kitas haben ihre Konzepte im Internet veröffentlicht. Dort finden Sie wichtige Hinweise auf die weltanschauliche Ausrichtung der dortigen Pädagogik. Nutzen Sie aber auch „Infotage" und „Schnuppertage", um die dort arbeitenden Erzieherinnen und die Atmosphäre in der Kita kennen zu lernen. Denn Papier ist geduldig, und nur der eigene Eindruck vor Ort gibt Ihnen ein unmittelbares Bild.*

Kommunale Kitas

Kommunale, d.h. von der Stadt oder Gemeinde getragene Kitas sind häufig auch für nicht-religiös eingestellte Erzieher ein bevorzugter Arbeitgeber. Allerdings sind auch sie dem jeweils geltenden Bildungsplan verpflichtet. Wenn dieser eine religiöse Bildung vorsieht, dann werden auch diese Kitas bemüht sein, die Vorgabe zu erfüllen. Hinzukommt, dass hier auch Weisungen aus der Kommunalpolitik bei der Gewichtung der religiösen Bildung eine Rolle spielen können. Au-

Kommunale Kitas sind nicht immer religionsfrei.

ßerdem ist die kulturelle Prägung des Umfeldes von Bedeutung: Eine kommunale Kita im allgäuischen Pfaffenwinkel ist möglicherweise nicht weniger religiös angehaucht als eine protestantische in Halle. Wie für alle Kitas, so gilt auch für kommunale Einrichtungen, dass die handelnden Personen den Charakter des Hauses bestimmen. Deren religiöse Bedürfnisse können leicht mehr Gewicht bekommen, als auf den ersten Blick zu erkennen ist.

Tipp

→ *Allein die öffentliche Trägerschaft einer Kita ist noch keine Garantie für eine neutrale Haltung zur Religion. Auch hier lohnt es sich im Einzelfall, genauer hinzusehen.*

Elterninitiativen

Elterninitiativen als selbstorganisierte Träger von Kitas sind besonders in westdeutschen Großstädten feste Bestandteile der Trägerlandschaft. Oft entstammen sie der Kinderladenbewegung der späten 1960er und 1970er Jahre. Sie sind basisdemokratisch organisiert und fordern ihren Mitgliedern auch aktive Mitarbeit in der Kita ab. Für religionsfreie Eltern sind sie oftmals attraktive Trägerformen. Sie kommen zum einen dem Bedürfnis nach aktiver Mitsprache entgegen und bieten aufgrund der basisdemokratischen Entscheidungsfindung die Möglichkeit, auf die weltanschauliche Erziehung in der Kita Einfluss zu nehmen. Dadurch sind dort religiöse „Überraschungen" bei der Kinderbetreuung unwahrscheinlich und eventuell etablierte religiöse Rituale hinterfrag- und veränderbar.

Kitas von Elterninitiativen bieten viele Einflussmöglichkeiten für die Eltern.

Checkliste

Auswahl der richtigen Kita

Allgemeine Fragen

- ◯ *Wie ist der Betreuungsschlüssel der Einrichtung?*
- ◯ *Macht die Einrichtungsleitung einen kompetenten Eindruck?*
- ◯ *Ist die Kita bereit, auf Kundenwünsche einzugehen?*
- ◯ *Entsprechen die Öffnungszeiten meinem Bedarf?*
- ◯ *Gibt es eine aktive Arbeit mit den Eltern, z.B. Themenelternabende, Fachkurse o.ä.?*
- ◯ *Welche Beteiligungs- und Mitbestimmungsmöglichkeiten gibt es für die Eltern?*
- ◯ *Entsprechen die Räumlichkeiten modernen hygienischen und Bildungsanforderungen?*
- ◯ *Wird das Personal regelmäßig fortgebildet?*
- ◯ *Wie viel Vorbereitungszeit steht dem Personal zur Verfügung?*
- ◯ *Arbeiten auch männliche Erzieher in der Einrichtung?*
- ◯ *Nimmt die Kita an Qualitätsmanagementprozessen teil?*
- ◯ *Werden regelmäßig Kundenbefragungen zur Qualitätssicherung durchgeführt?*

Fragen zum pädagogischen Konzept

- ◯ *Ist der Träger der Kita kirchlich bzw. religiös orientiert?*
- ◯ *Lässt das Konzept der Kita Raum für Prinzipien der religionsfreien Erziehung?*
- ◯ *Wie wird mit Andersdenkenden umgegangen?*
- ◯ *Welche Feierkultur gibt es in der Kita?*
- ◯ *Wie setzt die Kita die Vorgaben des Bildungsplanes um?*
- ◯ *Gibt es Angebote zum Philosophieren für die Kinder?*
- ◯ *Gibt es ein Programm zur Förderung der naturwissenschaftlichen Bildung (z.B. Teilnahme am Zertifikatsprogramm „Haus der kleinen Forscher")?*

Selbst aktiv werden

Wenn alle Möglichkeiten ausgeschöpft sind und keine sinnvolle Lösung bei der Kita-Suche gefunden werden konnte, besteht noch die Möglichkeit, selbst eine Trägerinitiative für eine Kindertagesstätte zu gründen. Dafür sollten Sie zunächst den Bedarfsplan der Gemeinde oder Region analysieren. Diesen Plan erhalten Sie beim zuständigen Jugendamt oder finden ihn in dessen Internetauftritt. Eine Neugründung kann nur erfolgreich sein, wenn es einen örtlichen oder überörtlichen Bedarf für neuentstehende Betreuungsplätze gibt.

Eine eigene Neugründung kann eine Lösung sein.

Der Humanistische Verband Deutschlands hat Landesverbände in den meisten deutschen Bundesländern und ist Träger von Kindertagesstätten in mehreren Bundesländern. Für neue Projekte außerhalb seines üblichen örtlichen Betätigungsrahmens hat der HVD Bundesverband in Kooperation mit einigen seiner Landesverbände eine „Projektgesellschaft" gegründet, die bundesweit als Träger von Kitas dienen kann. Zweck dieser Gesellschaft ist es auch, religionsfreie Menschen zum Engagement zu ermutigen und sie bei der Realisierung von humanistischen sozialen Projekten zu unterstützen (www.humanismus.de).

Tagespflege

Eine ganz andere Form der Kinderbetreuung ist die Tagespflege durch Tagesmütter (Tagesväter kommen leider kaum vor). Sie werden für ihre Tätigkeit speziell ausgebildet. Ihre Zulassung und die Aufsicht über ihre Tätigkeit obliegen dem jeweiligen Jugendamt. Die Tagespflege ist für alle Kinder bis zum Alter von

Tagesmütter können gut auf individuelle Bedürfnisse eingehen.

12 Jahren möglich; sie richtet sich in der Praxis aber vor allem an Kinder in den ersten drei Lebensjahren. Damit ist sie vor allem eine Alternative zur Kinderkrippe. Die Tagesmutter bietet den Kindern eine familiennahe Betreuung. In der Regel hat sie zu Hause eine für eine kleine Kindergruppe (bis zu fünf Kinder) geeignete Umgebung geschaffen. Durch die kleine Anzahl der betreuten Kinder können Tagesmütter gut auf die individuellen Bedürfnisse von Kindern und Eltern eingehen. Allerdings verfügen sie nicht über alle räumlichen, personellen und pädagogischen Möglichkeiten einer modernen Kita.

Sollten Sie an weiteren Informationen zu diesem Betreuungsmodell interessiert sein, finden Sie im *Serviceteil* weitere Hinweise dazu.

In der Schule

Spätestens mit dem Eintritt der Kinder in die Grundschule kommen Eltern um eine Auseinandersetzung mit Religion nicht mehr herum. Schulgottesdienst, Religionsunterricht, Kirchenlieder im Schulchor – bei vielen Gelegenheiten kann sie eine Rolle spielen. Aber wie ist eigentlich die Rechtslage? Gibt es Alternativen, und wenn ja, welche?

8

Schulfächer

Neben dem Religionsunterricht gibt es mehrere Alternativfächer hierzu: der Ethikunterricht, das Schulfach Philosophie sowie das Schulfach Humanistische Lebenskunde. Der Ethikunterricht ist in der Regel ein staatlich verantworteter Unterricht, der aus einer neutralen Perspektive heraus arbeiten soll. Sein Problem ist jedoch, dass Werte das Gegenteil von „neutral" sind. Der Philosophieunterricht legt den Schwerpunkt auf das Philosophieren als Methode, um Werte zu diskutieren und zu entwickeln. Der Humanistische Lebenskundeunterricht geht als weltanschaulich begründeter Unterricht von einer konkreten Perspektive aus – sozusagen von Humanisten für Humanisten.

Religionsunterricht

Der Religionsunterricht (RU) ist in den meisten deutschen Bundesländern an den öffentlichen Schulen ein ordentliches Lehrfach. So regelt es Artikel 7, Abs. 3 des Grundgesetzes. Er ist ein staatlicher Unterricht, der in Übereinstimmung mit den Grundsätzen der jeweiligen Religionsgemeinschaft erteilt wird.

Doch in allen deutschen Ländern gibt es eine nicht-religiöse Alternative zum RU. Sie ist allerdings nicht immer durchgängig für alle Jahrgangsstufen verfügbar. Oftmals ist in den ersten vier Jahrgangsstufen nur der RU vorgesehen, so z.B. in Niedersachsen und Baden-Württemberg. Auch dort können die Kinder natürlich aus dem RU abgemeldet werden. Einen Alternativunterricht erhalten sie dann jedoch nicht, sondern sie

Man kann sich vom Religionsunterricht abmelden.

werden anderweitig beaufsichtigt, z.B. in einer Parallelklasse. Für die Einrichtung des Ethikunterrichts ist eine Mindestteilnehmerzahl erforderlich, die je nach Bundesland unterschiedlich hoch ist.

Beispiel

In einem Nürnberger Vorort verweigerte eine Rektorin die Einschulung eines Kindes, weil seine Eltern den Ethikunterricht einforderten. Die Schulleiterin begründete dies mit Problemen bei der Aufsichtsführung, denn der Ethikunterricht käme wegen zu geringen Interesses nicht zustande. Das Kind solle daher entweder am Religionsunterricht teilnehmen oder die Eltern mögen in der Nürnberger Innenstadt eine Schule für ihr Kind suchen, an der es Ethikunterricht gäbe. Die Eltern nahmen dies nicht hin und wandten sich an den HVD um Unterstützung. Dieser thematisierte mit einer formellen Intervention bei der Schulaufsicht das Verhalten der Schulleiterin. Diese wurde daraufhin aufgefordert schriftlich abzufragen, welche Eltern denn tatsächlich einen Ethikunterricht wünschten. Das Ergebnis: Es gab noch etliche Eltern mehr, die für ihre Kinder keinen Religionsunterricht wünschten. An der Schule wurde daher umgehend der Ethikunterricht eingerichtet.

Abmeldung vom RU: Die Abmeldung vom RU muss in Deutschland jederzeit, auch während des Schuljahres, möglich sein. Das Recht auf Religionsfreiheit ist eines der höchsten Grundrechte des Grundgesetzes und steht über eventuellen organisatorischen Mühen der Schule. Verzögerungen brauchen nicht hingenommen zu werden, ebenso wenig besondere Begründungshürden – selbst wenn Landesgesetze oder Schulordnungen solches vorsehen sollten. Im Streitfall hätten solche Regelungen schwerlich Bestand. Üblicherweise muss allerdings über den im betreffenden Schuljahr bis zum Wechsel vermittelten Stoff im RU eine Prüfung abgelegt werden.

Jugendliche ab 14 Jahren dürfen selbst entscheiden, ob sie am RU teilnehmen wollen (§ 5 KErzG). Bis zu diesem Alter entscheiden die Eltern darüber. Abweichend von dieser bundesgesetzlichen Regelung wird in Bayern und im Saarland jedoch das 18. Lebensjahr für die eigenständige Abmeldung aus dem Religionsunterricht gefordert. Dort empfiehlt es sich in Konfliktfällen für einen Jugendlichen, der einer Kirche angehört, aber ohne Zustimmung der Eltern den Alternativ- bzw. Ethikunterricht besuchen will, selbst aus der Religionsgemeinschaft auszutreten. Dies ist auf jeden Fall ab dem 14. Lebensjahr möglich, und die Teilnahme am RU hat sich damit erledigt (Czermak / Hilgendorf 2008, 157).

Ab 14 Jahren dürfen die Schüler selbst entscheiden.

Ethikunterricht

Aus nicht-religiöser Sicht sind die Ersatz- und Alternativfächer, die für religionsfreie und andere nicht-christliche Kinder bereitgehalten werden, nicht immer befriedigend. Anders als die Kirchen sind säkulare Weltanschauungsgemeinschaften oder Interessenverbände von religionsfreien Menschen nur in den seltensten Fällen an der Erarbeitung der Lehrpläne beteiligt. Zudem kann der Unterricht durchaus von engagierten Christen übernommen werden, denn es gibt keine Einschränkung der Religionszugehörigkeit des Lehrers. Zudem ist nicht in allen Bundesländern die Lehrerausbildung fachlich auf dem Niveau der Religionspädagogen.

Im Ethikunterricht spielen humanistische Inhalte kaum eine Rolle.

Die Ersatz- und Alternativfächer sind keine weltanschaulich gebundenen Fächer. Als inhaltlich vom Staat verantwortete Fächer können sie jenseits der Vorgaben des Grundgesetzes und der UN-Menschenrechtskonvention keinen authentischen ethischen oder moralischen Standpunkt vermitteln. Weiter berücksichtigt der Ethikunterricht zwar auch religions- und weltanschauungskundliche Aspekte, aber die Geschichte und Inhalte religionsfreier Weltanschauungen spielen nur selten eine Rolle.

Beispiel

Gelegentlich weist der Ethikunterricht noch die Spuren seines früheren sittlichen Unterweisungscharakters für Nicht-Christen auf. In manchen Bundesländern schimmern nicht selten religiöse Deutungsmuster und Normierungen in den Lehrplänen durch: „Im Mittelpunkt des Ethikunterrichts in Bayern stehen nicht Fragen, sondern normative, oft religiös grundierte Antworten" (Adloff 2010, 27). Dementsprechend ist es kein Zufall, wenn 2001 in Bayern eine Abituraufgabe im Fach Ethik darin bestand, „Freiheit und Determination aus Sicht der katholischen Kirche" darzustellen (Czermak 2009, 84).

Zur Hebung der moralischen Urteilsfähigkeit trägt der konventionelle Ethikunterricht nicht unbedingt bei. Dazu müssten dort moralische Problemlagen unter unterschiedlichen Perspektiven behandelt werden. Denn bei der Bildung von moralischen Urteilen geht es gerade nicht darum, eine vorgegebene „richtige" Beurteilung zu finden, sondern es soll das Verständnis für die Rechte und Pflichten des Einzelnen in der Gemeinschaft geweckt werden, wobei diese Gemeinschaft in der Entwicklung des Urteilens immer ausgedehnter definiert wird: von Freunden und Familienangehörigen bis hin zur umfassenden Gemeinschaft aller Menschen (Menschenrechte). Dadurch wird das Niveau des Urteilens vom Einzelfall hin zu universellen Prinzipien Stück für Stück angehoben (Montada 2008, 597 f.).

Auch wenn es sicher viele engagierte Pädagogen im Ethikunterricht gibt: Von einem dem Religionsunterricht gleichwertigem Fach ist der Ethikunterricht oft weit entfernt.

Schulfach Philosophie

Der Philosophieunterricht und seine Technik des abwägenden Dialogs entspricht dem Ziel, die Qualität moralischen Urteilens beim Kind bzw. Jugendlichen zu erhöhen, sicherlich weit mehr als der konventionelle Ethikunterricht. In den norddeutschen Bundesländern (Bremen, Nordrhein-Westfalen, Hamburg, Schleswig-Holstein, Mecklenburg-Vorpommern) gibt es das Fach Philosophie, praktische Philosophie bzw. Philosophieren mit Kindern, das anstelle des RU belegt werden kann bzw. muss. Anders als der Ethikunterricht, bei dem vor allem auch ein bestimmter „Stoff" vermittelt werden soll, orientiert sich dieses Fach stärker am Philosophieren als Methode (*Kap.4*). Diese Offenheit kommt den Idealen einer religionsfreien Wertebildung wie auch der moralischen Bildung allgemein viel mehr entgegen als ein Ethikunterricht.

Das Schulfach Philosophie ist in Norddeutschland relativ verbreitet.

Tipp

→ *Ermuntern Sie Ihr Kind zur Teilnahme auch an freiwilligen Philosophie-Angeboten in der Schule. Das schult das unabhängige Denk- und Urteilsvermögen und trägt wesentlich zur geistigen Bildung bei!*

Verschiedentlich gibt es an Schulen auch Angebote in Philosophie als Kurs oder Wahlfach, oft in der Sekundarstufe II. Solche Angebote haben keinen Einfluss auf die Verpflichtung zum Besuch des Religions- oder Ethikunterrichts, können aber eine sehr sinnvolle Unterstützung der Wertebildung für die Kinder und Jugendlichen bieten.

Humanistische Lebenskunde

Ein ausdrücklich weltlich-humanistisches Wertefach gibt es als „Humanistische Lebenskunde" in Berlin und Brandenburg. Über 50.000 Schüler nehmen dort an diesem Unterricht teil. In ihm spielt das Philosophieren eine große Rolle. Dadurch soll der Prozess gefördert werden, in dem Menschen sich selbst aufklären – so das Kernanliegen des Lebenskundeunterrichts. Besonders in höheren Jahrgangsstufen wird die Wertebildung mit der Vermittlung von Wissen zur Geschichte weltlich-humanistischen Denkens verbunden (Adloff / Alavi 2001).

Im Lebenskundeunterricht werden den Kindern grundlegende Prinzipien humanistischer Lebensorientierung wie z.B. Freundschaft, Toleranz und Gleichberechtigung vermittelt und somit eine ethisch bestimmte Form der Wirklichkeitsbetrachtung und -bewältigung ohne Rückgriff auf religiöse Deutungsmuster aufgezeigt. Anknüpfend an wissenschaftliche Erkenntnisse befasst sich der Lebenskundeunterricht mit den moralischen Konsequenzen des Handelns für uns und andere Lebewesen (Friedemann et al. 2008).

Humanistische Lebenskunde ist ein Schulfach von Humanisten für Humanisten.

Das Fach wird in der Verantwortung des Humanistischen Verbandes Deutschlands unterrichtet. In Bayern ist es bereits als ordentliches Lehrfach genehmigt, wird aber derzeit nur an der Humanistischen Grundschule Fürth (Träger: HVD Bayern) unterrichtet.

Ethik- und Philosophieunterricht sowie Humanistische Lebenskunde (HLK) in den deutschen Bundesländern (Quellen: Rolf o.J.; Rösch 2009, 23 f.; KMK 2008, 7 ff.; Anon. 2009).

Bundesland	Name des Faches	Jahrgangsstufen	Mindestteil-nehmerzahl*	Status
Baden-Württemberg	Ethik	7–10, Sek. II	8	Ersatzfach
Bayern	Ethik	alle	5	Ersatzfach
	HLK	grundsätzlich möglich	k. A.	ordentliches Lehrfach
Berlin	Ethik	7–10	–	Pflichtfach
	HLK	alle	k. A.	freiwilliges Fach
Brandenburg	Lebensgestaltung – Ethik – Religions-kunde	Sek. I	–	Pflichtfach
	HLK	alle	k. A.	freiwilliges Fach bzw. Ersatzfach
Bremen	Philosophie	Sek. I und II	k. A.	Alternativfach
Hamburg	Philosophie	G8: 8–12, G9: 11–13 (auslaufend)	k. A.	Wahlpflicht-alternative
Hessen	Ethik	alle	k. A.	Ersatzfach
Mecklenburg-Vorpommern	Philosophieren mit Kindern	Primarstufe, Sek. I	k. A.	Ersatzfach
	Philosophie	Sek. II	k. A.	Ersatzfach
Niedersachsen	Werte und Normen	Sek. I und II	12	Ersatzfach
	Philosophie	Sek. II	12	Alternativfach
Nordrhein-Westfalen	Praktische Philosophie	Sek. I	k. A.	Ersatzfach
	Philosophie	Sek. II	k. A.	Ersatzfach
Rheinland-Pfalz	Ethik	Sek. I und II	8	Ersatzfach
Saarland	Allgemeine Ethik	Sek. I ab Kl. 9, Sek. II	5	Ersatzfach
Sachsen	Ethik	alle	8	Ersatzfach
Sachsen-Anhalt	Ethikunterricht	alle	8	Alternativfach
Schleswig-Holstein	Philosophie	Sek. I und II	12	Ersatzfach
Thüringen	Ethik	alle	k. A.	Alternativfach

Bei der Mindestteilnehmerzahl ist zu beachten, dass meistens jahrgangsübergreifende Gruppen gebildet werden können.

Sonderfälle

Bremen: In Bremen liegt eine historische Sondersituation vor, die bei der Gestaltung des Grundgesetzes zur „Bremer Klausel", einer Ausnahmeregelung für Bremen, führte. Dort gibt es traditionell keinen Religionsunterricht in konfessioneller Verantwortung. Stattdessen wird das überkonfessionelle Fach Biblische Geschichte / Religionskunde unterrichtet, das freilich religiöse Bezüge aufweist. Als religionsfreie Alternative dazu werden heute die Fächer Philosophie / Ethik (Sekundarstufe I) bzw. Philosophie (Sekundarstufe II) angeboten.

Berlin: In Berlin wird seit dem Jahr 2006 in den Jahrgangsstufen 7–10 das weltanschaulich neutrale Wertefach „Ethik" erteilt. Es handelt sich um ein Pflichtfach ohne Abmeldemöglichkeit. Sein integrierender Charakter trägt der multikulturellen Berliner Stadtgesellschaft Rechnung.

Berlin hat als einziges Bundesland ein verpflichtendes Schulfach Ethik.

Ergänzend dazu steht es den Religions- und Weltanschauungsgemeinschaften frei, einen Religions- und Weltanschauungsunterricht als freiwilliges Fach anzubieten. Die Zugangshürden sind relativ niedrig, so dass eine Fülle von Bekenntnissen diese Möglichkeit wahrnimmt. Darunter befindet sich auch der HVD als weltlich-humanistische Weltanschauungsgemeinschaft, der seit den 1980er Jahren das Schulfach „Humanistische Lebenskunde" erteilt (HVD-BB 2012).

Brandenburg: In Brandenburg wird seit 1996 das Fach Lebensgestaltung-Ethik-Religionen (LER) unterrichtet. Es handelt sich um ein Pflichtfach für die Jahrgangsstufen 5–10. In diesem Fach soll die „Vermittlung von Grundlagen für eine werte-

In Brandenburg wird das Schulfach LER unterrichtet.

orientierte Lebensgestaltung, von Wissen über Traditionen phi-
losophischer Ethik und Grundsätzen ethischer Urteilsbildung
sowie über Religionen und Weltanschauungen" stattfinden
(BbgSchulG § 11).

Alternativ dazu gibt es Religionsunterricht (BbgSchulG § 141)
und an verschiedenen Brandenburger Grundschulen auch das
freiwillige Unterrichtsfach „Humanistische Lebenskunde" (HVD
BB 2012).

Österreich: Anders als in Deutschland und der Schweiz ist das
Schulwesen in Österreich Bundessache (Art. 14 Österreichische
Verfassung). Religionsunterricht kann dort von allen anerkann-
ten Religionsgemeinschaften erteilt werden. Die Teilnahme am
Religionsunterricht ist für Angehörige des betreffenden Bekenntnisses verpflichtend. Schüler
ohne Bekenntnis können auf Antrag und mit Zustimmung des Religionslehrers freiwillig am Religionsunterricht teilnehmen.

In Österreich wird Ethik im Schulversuch erprobt.

Die Abmeldung vom Religionsunterricht ist durch die Erzie-
hungsberechtigten, ab dem 14. Lebensjahr vom Schüler selbst
nur in den ersten fünf Kalendertagen des Schuljahres möglich
(Schulgesetz von 1985, § 2 Art. 1). Schüler, die nicht am RU teilnehmen, müssen von der Schule bis zur 9. Jahrgangsstufe beaufsichtigt werden. Dies kann z. B. durch den Besuch eines parallelen Unterrichts erfolgen. Wenn es sich um eine Randstunde
handelt, haben die Schüler früher Schulschluss. Der Besuch des
Religionsunterrichts zur Erfüllung der Aufsichtspflicht mit einer
„bloß physischen Anwesenheit" soll jedoch vermieden werden
(BMUKK 2007).

In Österreich ist die Diskussion über die Einführung eines Ethikunterrichts im Gang. Seit dem Schuljahr 1997/98 führt das Land Schulversuche im Fach „Ethik" durch. 2011 haben etwa 15.000 Schülerinnen und Schüler an 194 Standorten in Österreich daran teilgenommen (Schmied 2011).

Schweiz: In der Schweiz hat sich in letzter Zeit die Situation des Religionsunterrichts durch verschiedene kantonale Reformen stark verändert. An diesen Reformen sind teilweise auch freidenkerische und humanistische Vereinigungen beteiligt worden.

In der Schweiz gibt es überwiegend eine konfessionsübergreifende Religionskunde.

In den meisten Kantonen wird nun ein kantonal unterschiedlich ausgestalteter und benannter Unterricht über Religion als Religionskunde angeboten, der für alle Schüler verpflichtend ist. Er liegt in der Verantwortung des Staates und findet ohne Beteiligung der Religionsgemeinschaften statt. In den Lehrplänen für die französischsprachige Schweiz wird ein Fach mit dem Titel „Ethique et cultures religieuses" vorgesehen. Für die deutschsprachige Schweiz sieht der „Lehrplan 21" einen Fachbereich „Ethik, Religionen, Gemeinschaft (mit Lebenskunde)" vor. Dieser Reform haben sich aber nicht alle Kantone angeschlossen. Z.B. gibt es in den Kantonen Basel/Stadt und St. Gallen nach wie vor kirchlichen Religionsunterricht mit Abmeldemöglichkeit. Das Kanton Tessin erprobt derzeit verschiedene Modelle im Schulversuch (Jödicke 2012).

Religion im Schulleben

Schulgebet und Schulgottesdienst

Manche deutsche Bundesländer lassen ausdrücklich Schulgebete und Schulgottesdienste zu und schaffen dafür Raum im Schulalltag.

Schulgottesdienste sind keine schulischen Pflichtveranstaltungen.

So finden Schulgottesdienste oft zu Anfang und Ende des Schuljahres statt und treten an die Stelle schulischer Feiern für alle. Auch an hohen christlichen Feiertagen können solche Veranstaltungen anzutreffen sein. Sie finden üblicherweise nicht in der Schule, sondern in kirchlichen Räumlichkeiten statt.

Beispiel

Für Aufsehen sorgte 2011 ein Fall aus Gelsenkirchen (NRW). Dort wurde der Schulanfangsgottesdienst einer Grundschule in einer Moschee abgehalten. Die Schüler gehörten mehrheitlich der islamischen Religion an. Die türkische Ansprache des Imam wurde simultan ins Deutsche übersetzt. Die zuständige Schulaufsicht kritisierte dies. Der Besuch der Moschee sei zwar in Ordnung, aber die Predigt hätte auf Deutsch erfolgen müssen (derwesten.de 2012).

Schulgebete wurden vom Bundesverfassungsgericht 1979 als „allgemein-christliche Anrufung Gottes" grundsätzlich zugelassen (BVerfG 52,225). Allerdings ist die Teilnahme daran nicht verpflichtend. „Niemand darf zu einer kirchlichen Handlung oder Feierlichkeit oder zur Teilnahme an religiösen Übungen [...] gezwungen werden" (Art.140 GG / Art. 136 WRV). Deutsche Schulen müssen in der entsprechenden Zeit für die Betreuung derjenigen Kinder sorgen, die daran nicht teilnehmen. Dies gilt auch

Schulgebete sind freiwillig.

für Schulgottesdienste. In Österreich ist die Regelung umgekehrt: Dort soll Lehrern und Schülern, die dies wünschen, die Teilnahme an solchen Veranstaltungen ermöglicht werden (Religionsunterrichtsgesetz, § 2a).

Beispiel

Zu einem aufsehenerregenden Fall, in dem das Sorgerecht und das Recht auf Religionsfreiheit kollidierten, kam es 2012 in der katholisch geprägten Nordeifel. Dort verurteilte ein Amtsrichter indirekt zwei Kinder gegen ihren und den Willen der Mutter zum Besuch von Religionsunterricht und Schulgottesdienst. Hintergrund war ein Sorgerechtsstreit der Eltern. Die Kinder lebten bei ihrer Mutter. Der Vater forderte, seine Kinder mögen den katholischen Unterricht und die Schulgottesdienste besuchen, weil das in ihrem Umfeld so üblich sei. Die Kinder würden andernfalls zu Außenseitern, das Kindeswohl sei gefährdet. Der Amtsrichter gab dem Vater Recht und übertrug ihm in den strittigen Fragen das alleinige Sorgerecht. Die Mutter legte gegen das Urteil Rechtsmittel ein. Die endgültige juristische Entscheidung steht noch aus (taz.de 2012).

Ähnliche Probleme, die vielleicht nicht gleich zum Gang vor den Richter führen, kommen nicht nur in ländlichen Regionen vor, sondern auch in Großstädten. Denn die Schulgottesdienste gehören besonders an Grundschulen kulturell oft einfach „dazu". „Schließlich schadet es ja nichts", mögen Eltern zu hören bekommen. So kommt es in der schulischen Praxis nicht selten zu Problemen.

Es gibt keinen Grund, vorschnell auf das Recht der Religionsfreiheit zu verzichten.

Auch wenn noch nie zuvor ein Elternteil einer anstößigen schulischen Praxis widersprochen hat, so ist es dennoch ein Grundrecht, nicht zum Besuch von religiösen Kulthandlungen gezwungen zu werden. Erst recht gilt das für staatliche

Einrichtungen wie Schulen, die eigentlich zur religiös-weltan-
schaulichen Neutralität angehalten sind.

Tipp

→ *Bleiben Sie standhaft, und sehen Sie, ob sich nicht weitere Eltern melden
und sich Ihnen anschließen. Schon statistisch ist es unwahrscheinlich, dass
ein Elternpaar an der Schule das einzige ist, das mit Schulgottesdiensten
Bauchschmerzen hat. Vielleicht gestalten Sie in den Schulräumen selbst
eine weltliche Schuljahresfeier?*

Beispiel

An einer Nürnberger Grundschule nahe dem Stadtzentrum war es üblich, zu Gottesdiensten die gegenüberliegende katholische Kirche zu besuchen. Der Gottesdienstbesuch wurde von der Schulleitung mitten in den Schultag gelegt. Eine Alternativbetreuung fand nicht statt. Eltern von Kindern, die den Gottesdienst nicht besuchen wollten, hätten also Urlaub nehmen müssen, um ihre Kinder abzuholen und nach einer Stunde wieder zu bringen. In der Kirche mussten alle Erstklässler vor-treten und wurden einzeln vom katholischen Priester gesegnet – egal, ob und welcher Religion sie zugehörig waren. Das war einer konfessionsfreien Mutter zu viel, und sie forderte nachdrücklich bei der Schulleitung eine alternative Betreuung ein. Erst nach der Drohung mit einer Aufsichtsbeschwerde lenkte die Rektorin ein. Seither wird während des Gottesdienstes eine Betreuung in der Schule angeboten – und von ziemlich vielen Kindern auch wahrgenommen.

Kreuze in Klassenzimmern

Bereits 1995 hat das deutsche Bundesverfassungsgericht in seinem „Kruzifix-Urteil" entschieden, dass die verpflichtende Anbringung von Kreuzen in den Klassenzimmern bayerischer Volksschulen gegen die Religionsfreiheit der Schüler verstößt. Staatlich angeordnete Schulkreuze sind also verfassungswidrig.

Verpflichtende Schulkreuze sind in Deutschland verfassungswidrig.

Die bayerische Staatsregierung hat bisher (2013) darauf verzichtet, das Urteil in Landesrecht umzusetzen. Für Grundschulen ist das Schulkreuz in allen Klassenzimmern dort immer noch Pflicht. Immerhin wurde eine Regelung eingeführt, nach der die Abnahme des Kreuzes gefordert werden darf. Allerdings soll im Konfliktfall der Schulleiter eine gütliche Lösung herbeiführen, die auch die Interessen der Mehrheit berücksichtigt (BayEUG Art. 7 Abs. 4).

Einen anderen Weg geht man z. B. in Niedersachsen. Auch dort hängen Kreuze in vielen Klassenzimmern, allerdings ohne gesetzliche Grundlage. Schließlich ist das ja auch nicht verboten: „In Niedersachsen werden Kreuze in Schulen toleriert, solange aus der Schule kein Widerspruch hiergegen erhoben wird" (Bräth 2010, 247).

Beispiel

Im Jahr 2010 hat der Vater eines Kindes, das die 7. Jahrgangsstufe eines staatlichen Gymnasiums in Regensburg besuchte, das Abhängen des Kruzifixes im Klassenzimmer gefordert. Vor allem aber hatte der Physikprofessor sich an dem morgendlichen christlichen Gebet gestört, das an der Schule üblich war und zu dem auch sein Kind gezwungen wurde. Ein Sturm der Entrüstung brach los. Sowohl der Schulleiter als auch der Vater erhielten Schmähbriefe und handfeste Drohungen. Dabei erhielten die Verfechter der christlichen Praktiken parteiübergreifende Rückendeckung aus der Kommunal- und Landespolitik. Die Universität Regensburg, die sich weltweit um Spitzenkräfte bemüht, bewertete die Vorgänge als „für den Ruf der Universität nicht gerade förderlich".

Doch die Sache hatte auch etwas Gutes. An der Schule selbst kam eine Diskussion über die Kruzifixe in Gang. Künftig wird in den Klassen über das Thema geredet und die Schüler entscheiden dann selbst, ob sie eines im Klassenzimmer haben wollen (welt.de 2010; sueddeutsche.de 2010; mittelbayerische.de 2010).

Falls das Kreuz bleiben soll, gibt es Alternativen.

Wenn Sie sich für eine Abnahmeforderung entscheiden, bereiten Sie das am besten sorgfältig vor. Thematisieren Sie Ihr Unbehagen bei einem Elternabend und sondieren Sie die Lage. Vielleicht finden Sie ja weitere Eltern, die Ihre Forderung unterstützen. Falls Sie sich angesichts der möglichen sozialen Folgen nicht für die Abnahme entscheiden wollen, dann gibt es durchaus Handlungsalternativen.

Aus eins mach viele: Wie wäre es denn, wenn auch die Symbole aller anderen in der Klasse vertretenen Religionen und Weltanschauungen aufgehängt werden würden? Schon eine solche Forderung wird das Kreuz relativieren und vielleicht einige weitere Eltern nachdenklich machen. Sie können dafür z.B. das internationale Symbol der International Humanist and Ethical Union (IHEU) verwenden (www.iheu.org).

Downsize it: Als besonders problematisch mögen Kreuze „mit Korpus" gelten. Nicht alle Schulkreuze sind schlicht in der Ausführung und hängen dezent irgendwo in einer Ecke. Es gibt auch ziemlich drastisch gestaltete Exemplare. In derartigen Fällen zumindest das Austauschen gegen ein weniger aufdringliches Modell zu fordern, dürfte nicht auf übermäßigen Widerspruch stoßen.

Last Exit: Reden Sie mit Ihrem Kind darüber. Zeigen Sie ihm die Hintergründe auf, warum das Kreuz in dem Klassenzimmer hängt und was es symbolisiert. Deuten Sie es für Ihr Kind positiv aus, indem Sie die Inhalte der Predigten Jesu Christi hervorheben, die Sie teilen können, z. B. Nächstenliebe, Friedfertigkeit u. ä. Das kann für Sie vielleicht eine Notlösung sein – zugegeben. Sie können natürlich auch die Zähne zusammenbeißen und das Kreuz einfach ignorieren. Schließlich ist es nur ärgerlich. Wirkliche Gefahren gehen nicht von ihm nicht aus.

Wann und wofür lohnt es sich zu kämpfen? Ohne Menschen, die bereit waren, für ihre Überzeugungen und Prinzipien harte Konflikte auszutragen, wären viele freiheitliche Errungenschaften nie erreicht worden. Doch nicht jeder Streit lohnt sich. Bevor Sie sich auf eine Auseinandersetzung über die weltanschauliche Erziehung Ihres Kindes einlassen, sollten Sie Ihre Handlungsmöglichkeiten abwägen und Ihre Chancen prüfen.

Oft hilft es, sich zunächst ein Feedback von Menschen zu holen, denen Sie vertrauen und die mit dem Konflikt nichts zu tun haben. Wie auch immer Sie sich entscheiden, versuchen Sie den Konflikt nicht unnötig zu verstärken und zu verhärten. Sprechen Sie lieber zuerst persönlich vor, statt gleich einen „Wutbrief" zu schreiben. Besonders rasch formulierte E-Mails bergen die Gefahr, ungewollte emotionale Verstimmungen beim Adressaten hervorzurufen. Bemühen Sie sich um einen konstruktiven, verbindlichen Ton, und vermeiden Sie Drohungen, auch wenn Sie aufgebracht sind. Dann steigen die Chancen, dass auch Ihr Gegenüber verstehen kann, was Sie bedrückt und warum. Vielleicht behebt es den Missstand dann ja von ganz allein.

Bedenken Sie folgende Punkte, bevor Sie eine Auseinandersetzung führen

○ *Ist es nur Ihr Kampf, oder auch der Ihres Kindes?*

○ *Wird es bereichernd für Sie und Ihr Kind sein, wenn Sie gewinnen?*

○ *Wie bedeutsam wäre die Änderung? Würde sie auch für andere Familien oder Kinder positiv sein?*

○ *Könnte Ihr Kind negative Konsequenzen ausbaden müssen? Könnte es z. B. an der Schule oder im Freundeskreis isoliert werden?*

○ *Riskieren Sie, Freundschaften und Familienbeziehungen zu gefährden?*

○ *Hat das gewünschte Ergebnis nur kurzfristige oder auch langfristige Folgen?*

○ *Wird eine kostspielige juristische Auseinandersetzung nötig werden?*

○ *Hinterfragen Sie Ihre echte Motivation: Ist es evtl. nur die Langeweile, die Sie zu der Auseinandersetzung verleitet?*

○ *Wie ist die Situation, wenn Sie verlieren sollten?*

(nach Tonquist 2007, mit eigenen Ergänzungen)

Übergriffiges religiöses Verhalten im Schulalltag

Manchmal nutzen Lehrkräfte Unterrichtsmittel mit verstecktem religiösen Inhalt.

Das Schulwesen, besonders die Grund- bzw. Volksschulen, hat eine enge historische Verbindung mit den Kirchen. Sie waren früher üblicherweise die Träger der öffentlichen Schulen, die auf das jeweilige Bekenntnis ausgerichtet waren. Ideelle Spuren der früheren Kirchennähe finden sich auch heute noch im Schulalltag, besonders bei Grundschulen. Mit zu diesen Phänomenen gehört das bedenkenlose Überstülpen von religiösen Inhalten in Unterrichtsfächern, wo sie nichts verloren haben. Das betrifft besonders die Fächer

Deutsch (bei der Lektüreauswahl), Kunst (bei der Auswahl von abzubildenden Gegenständen), und Musik (bei der Auswahl von Musik und Gesangstexten). Gelegentlich muss bei Lehrern für ihre Pflicht zur Neutralität erst ein Gespür entwickelt werden. Es ist ja auch kein Wunder: Das Umfeld mit Kruzifix, Gottesdienst und Religionsunterricht lädt entsprechend disponierte Lehrer geradezu ein, ihren Glauben im Beruf auszuleben. Übergriffe müssen dabei nicht einmal Absicht sein. Oftmals erkennen die Lehrkräfte ihre Grenzüberschreitung gar nicht.

Beispiel

An einer Grundschule hat eine Klassenlehrerin, die an der Schule als engagierte Christin bekannt ist, anstelle des sonst bei ihr üblichen Morgengebets ein „Begrüßungslied" angesetzt. Gegen das Morgengebet hatte es bereits Beschwerden gegeben. Die Lehrerin wählte für das neue Ritual ein englisches Lied aus. Allerdings enthielt dieses Lied den Vers „and God made the sun". Für die Lehrerin kein Problem: denn es war ja nicht von einem bestimmten Gott die Rede, so dass auch die Kinder aus andersgläubigen Familien sich nicht beschweren konnten. Als ein konfessionsfreier Vater forderte, doch bitte endlich ein religiös ungefärbtes Morgenritual zu finden, blieb die Lehrerin hart und beharrte auf dem ausgewählten Lied. Erst als der aufgebrachte Vater sich nun an die Direktorin der Schule wandte, lenkte die Lehrerin ein und es wurde ein neutrales Morgenlied gefunden.

Wenn Ihnen so ein Missstand begegnet: Helfen Sie dabei mit, den allgemeinen Unterricht wieder religionsfrei werden zu lassen. Weisen Sie die Lehrkraft darauf hin, dass z. B.

▸ Gebete nicht unbedingt passende Übersetzungsübungen im Englischunterricht sein müssen,

▸ Es auch schöne andere Lieder für den Musikunterricht gibt als Kirchengesänge,

▶ Leseübungen nicht aus einer christlich inspirierten Lesefibel erfolgen sollten.

Tipp

Vergelten Sie nicht Gleiches mit Gleichem!

→ *Wenn die Schule, in die Ihr Kind geht, Ihre Religionsfreiheit nicht respektiert, sollten Sie mit Ihrem Kind immer wieder darüber das Gespräch suchen. Dabei sollten Sie keine Feindbilder aufbauen. Besser bringen Sie das Gespräch altersgemäß z. B. auf diese Themen:*

▶ *Was haben die Menschen in unserer Kultur alles geglaubt und woran erkennen wir das noch heute?*

▶ *Welche Vorteile hat die Entwicklung eines gemeinsamen Glaubens für das Überleben einer Gruppe?*

▶ *Welche gesellschaftlichen Vorteile sind daraus erwachsen und welche Nachteile?*

▶ *Welche der Vorteile können wir heute noch nutzen?*

▶ *Wie wollen wir mit kulturellen Unterschieden umgehen?*

▶ *Wo haben wir Gemeinsamkeiten?*

Privatschulen als Alternative?

Die Kirchen sind die größten Privatschulträger.

Die beiden großen christlichen Kirchen sind in Deutschland die mit Abstand bedeutendsten Träger von privaten Schulen. Sie betreiben sog. „Bekenntnisschulen", d. h. ihre pädagogische Arbeit wird stark von christlichen Inhalten und Idealen geprägt, die das gesamte Schulleben durchdringen. Ein Ethikunterricht ist dort nicht vorgesehen (Rathke 2005, 92 f.). Für eine religionsfreie Erziehung gibt es an solchen Schulen naturgemäß keinen Raum.

Seit 2008 gibt es die erste weltlich-humanistische Bekenntnisschule als „Weltanschauungsschule" im bayerischen Fürth (Träger: HVD Bayern, www.humanistische-schule.de). Diese allgemeinbildende Grundschule wurde analog zum religiösen Modell der Bekenntnisschulen genehmigt, nur dass hier der weltliche Humanismus als religionsfreie Weltanschauung zugrunde liegt. Die Schule legt viel Wert auf die individuelle Entwicklung der Kinder. Einen Religionsunterricht gibt es dort nicht. Wertebildung erfolgt durch das Schulfach Humanistische Lebenskunde und das regelmäßige gemeinsame Philosophieren.

Es gibt erst eine allgemeinbildende humanistische Schule in Deutschland.

Eine Sonderform bilden die Internationalen Schulen. Ihr Lehrplan folgt internationalen Standards. Die Unterrichtssprache ist Englisch. Eine hervorgehobene Rolle von Religion an der Schule wäre in diesem internationalen Umfeld unpassend. Schließlich entstammen viele der Schüler und Eltern Kulturen, in denen Religion strikte Privatsache ist, wie z. B. den USA. Allerdings spiegelt sich das exklusive pädagogische Angebot dieser Schulen im verlangten Schulgeld wider.

Reformpädagogische Privatschulen bieten viele Einflussmöglichkeiten für Eltern.

Die meisten der weiteren Privatschulträger sind reformpädagogischen Konzepten verpflichtet, wie z. B. der Waldorf-Pädagogik Rudolf Steiners (Anthroposophie), der Montessori-Pädagogik, dem Jenaplan Peter Petersens oder neuartigeren pädagogischen Ideen. Hier sind in der Regel Elternvereine die Träger. Für diese, meistens auch für durchschnittliche Geldbeutel erschwinglichen Privatschulen gilt im Prinzip dasselbe wie für Elterninitiativen bei Kitas. Die demokratische Entscheidungsstruktur bietet viele Mitwirkungs- und Mitgestaltungsmöglichkeiten, auch in Fragen des religiösen und weltanschaulichen Lebens. An diesen Schulen gelten die jeweiligen Regelungen des Landes bezüglich des Religions- und Ethikunterrichts wie an den staatlichen Schulen. Zu bedenken ist allerdings, dass die Anthroposophie Rudolf Steiners, die der Waldorfpädagogik zugrunde liegt, durchaus esoterische Inhalte kennt und aus naturalistischer Sicht als anstößig empfunden werden kann. Auch die Lehre Maria Montessoris ist wegen ihrer christlichen Ausrichtung zum Religiösen hin offen. Allerdings haben sich in diesen reformpädagogischen Ausrichtungen im Laufe der Jahrzehnte vielerlei Differenzierungen ergeben, so dass es sinnvoll ist, an der jeweiligen Schule die konkrete Praxis zu erfragen.

Serviceteil

Literatur

Literaturempfehlungen für Eltern

    zum Thema Trauer

    zum Thema Evolution

    zum Thema Philosophieren mit Kindern

    zum Thema Kita und Tagespflege

Adressen und Kontakte

    Internationale Organisationen

    Deutschland

    Österreich

    Schweiz

Literatur

Adloff, P. (2010): Nach Sinn fragen. Eine fachdidaktische Studie für die Humanistische Lebenskunde und den Ethikunterricht. HVD, Berlin

Adloff, P., Alavi, B. (Hrsg.) (2001): Genau wie Schule, nur ganz anders. Didaktische Beiträge zur Humanistischen Lebenskunde. HVD, Berlin

Allenbach, B., Goel, U., Hummrich, M., Weissköppel, C. (Hrsg.) (2011): Jugend, Migration und Religion. Interdisziplinäre Perspektiven. Nomos, Baden Baden

Anon. (2009): Umfrage zur Ausbildung der Lehrer / innen für Philosophie / Ethik in den einzelnen Bundesländern, Mitteilungen des Fachverbands Philosophie 2009, 45–49

Bauer, M. (2013): Erziehung und Wertebildung in humanistischen Milieus. EZW-Texte 2013, im Erscheinen

Bayerisches Staatsministerium für Arbeit und Sozialordnung, Familie und Frauen (BStMAS) (Hrsg.) (2006): Bayerische Bildungs- und Erziehungsplan für Kinder in Tageseinrichtungen bis zur Einschulung. Beltz, Weinheim / Basel

Bistum Limburg (2010): Dort wo Kinder sind, da ist Gott. In: www.kita.bistumlimburg.de/index.php?_1=296080&_o=15&sid=1463601be75df6c589dcc53a4a54346d, 28.01.2103

Bistum Trier (2007): Rahmenleitbild für katholische Kindertageseinrichtungen im Bistum Trier. Trier

Bräth, P. (2010): Religiöse Symbole an öffentlichen Schulen in Niedersachsen – Vom Kruzifix bis zum Schulgebet. Schulverwaltung Niedersachsen 9, 247–249

Brüne, M. (2007): Zur Evolution der Theory of Mind – soziobiologische Aspekte. In: Förstl, H. (Hrsg.), 35–42

Bucher, A. A., Oser, F. (2008): Entwicklung von Religiosität und Spiritualität. In: Oerter, R., Montada, L. (Hrsg.), 607–624

Buggle, F. (2004): Denn sie wissen nicht, was sie glauben. Alibri, Aschaffenburg

Bundesministerium für Unterricht, Bildung und Kultur (BMUKK) (2007): Rundschreiben Nr. 5 / 2007: Durchführungserlass zum Religionsunterricht. BMUKK-10.014 / 2-III / 3 / 2007

Capelle, W. (1968): Die Vorsokratiker. Die Fragmente und Quellenberichte übersetzt und eingeleitet von Wilhelm Capelle. Kröner, Stuttgart.

Chowanski, J., Dreier, R. (2000): Die Jugendweihe. Eine Kulturgeschichte seit 1852. Edition Ost, Berlin

Czermak, G. (2009): Religion und Weltanschauung in Gesellschaft und Recht. Ein Lexikon für Praxis und Wissenschaft. Alibri, Aschaffenburg

Czermak, G., Hilgendorf, E. (2008): Religions- und Weltanschauungsrecht. Eine Einführung. Springer, Berlin / Heidelberg

de Waal, F. (2008): Primaten und Philosophen: Wie die Evolution die Moral hervorbrachte, Carl Hanser, München

de Waal, F. (2009): Das Prinzip Empathie. Was wir von der Natur für eine bessere Gesellschaft lernen können. Carl Hanser, München

derwesten.de (2012): Schulgottesdienst in Moschee beschäftigt Politik. In: www. derwesten.de/staedte/gelsenkirchen/ s c h u l g o t t e s d i e n s t - i n - m o s c h e e - beschaeftigt-politik-id6312875.html, 22.01.2013

diesseits.de (2011): Kuba-Reise für kreativste Kopfbedeckung. In: www. diesseits.de/meldungen/deutschland/ kuba-reise-kreativste-kopfbedeckung, 22.01.2013

Dobzhansky, T. (1973): Nothing in Biology Makes Sense Except in the Light of Evolution. American Biology Teacher 35, 125–129

Dörfler, S., Kaindl, M. (2007): Situation der Kinderbetreuung im Bundesländervergleich. Angebot, Nutzung und Rahmenbedingungen für Kinder unter sechs Jahren, Working Paper Nr. 62 2007 des Österreichischen Instituts für Familienforschung. Wien

Fenner, D. (2012): Säkulare Wertbegründung – Philosophische Modelle. Aufklärung und Kritik 4 / 2012, 30–37

Fincher, D. (1995 / 1999): Sieben. Sieben Todsünden, sieben Wege zu sterben, sieben Wege zu töten. DVD-Video. New Line Cinema, New York

Förstl, H. (Hrsg.) (2007): Theory of Mind. Neurobiologie und Psychologie sozialen Verhaltens. Springer, Heidelberg

Förstl, H. (2007): Theory of Mind: Anfänge und Ausläufer. In: Förstl, H. (Hrsg.), 3–10

Forschungsgruppe Weltanschauungen in Deutschland (fowid) (2012): Religionszugehörigkeit Deutschland 1970–2011. In: http://fowid.de/fileadmin/datenarchiv/Religionszugehoerigkeit/Religionszugehoerigkeit_Bevoelkerung_1970_2011.pdf, 10.05.2013

Forschungsgruppe Weltanschauungen in Deutschland (fowid) (2005): Basisverteilung Schulabschluss 2004. In: http://fowid.de/fileadmin/datenarchiv/Basisverteilung_Schulabschluss_2004.pdf, 10.05.2013

Fraiberg, S. (1972): Die magischen Jahre in der persönlichen Entwicklung des Vorschulkindes. Psychoanalytische Erziehungsberatung. Rowohlt, Reinbek bei Hamburg

Friedemann, J., Füner, A., Schalwat, M., von Chossy, U. (2008): Humanistische Grundschule Fürth – Freie Privatschule des HVD Nürnberg. Pädagogisches Konzept. In: www.humanistische-schule.de/files/file/Konzept%20Humanistische%20Grundschule%20Fuerth26-03-08.pdf, 13.06.2013

Fritschi, T., Oesch, T. (2008): Volkswirtschaftlicher Nutzen von frühkindlicher Bildung in Deutschland. Eine ökonomische Bewertung langfristiger Bildungseffekte bei Krippenkindern. Bertelsmann Stiftung, Gütersloh

Graf, D. (2013): Darwin macht Schule – Evolutionsbiologie im Unterricht. In: Fink, H. (Hrsg.): Die Fruchtbarkeit der Evolution. Humanismus zwischen Zufall und Notwendigkeit. Alibri, Aschaffenburg, 209–244

Gruehn, W. (1956): Die Frömmigkeit der Gegenwart. Grundtatsachen der empirischen Psychologie. Aschaffenberg, Münster

Heller, T., Käbisch, D., Wermke, M. (2012): Repetitorium Religionspädagogik. Mohr Siebeck, Tübingen

Holodynski, M., Oerter, R. (2008): Tätigkeitsregulation und die Entwicklung von Motivation, Emotion, Volition. In: Oerter, R., Montada, L. (Hrsg.), 535–571

Hugoth, M. (2012): Handbuch religiöse Bildung in Kita und Kindergarten. Herder, Freiburg im Breisgau

Humanistischer Verband Deutschlands Landesverband Berlin-Brandenburg (HVD BB) (2012): Humanistische Lebenskunde. In: www.hvd-bb.de/humanistische-lebenskunde, 17.08.2012

Humanistischer Verband Deutschlands (HVD) (2011): Die JugendFEIERn 2011 starten am 7. Mai im FriedrichstadtPalast. In: www.hvd-bb.de/pressemitteilungen/jugendfeiern-2011-starten-7-mai-friedrichstadtpalast, 16.05.2013

Joas, H. (1999): Die Entstehung der Werte. Suhrkamp, Frankfurt am Main

Jödicke, A. (2012): „Schulischer Unterricht zum Thema Religion" statt „Religionsunterricht", Lehrmittelverlag Zürich: Einblick 10 / 2012, 4–9

Jugendweihe Deutschland e.V. (2013): Jugendweihe 2013. In: www.jugendweihe.de/news–informationen.html, 17.05.2013

Junker, T., Paul, S. (2009): Der Darwin-Code. Evolution erklärt unser Leben. München, Beck

Kahl, J. (2000): Sommersonnwende – Wintersonnwende. Kultur- und religionsphilosophische Überlegungen zur jahreszeitlichen Festkultur der Völker. humanismus akutell 7, 83–88

Kahl, J. (2005): Weltlicher Humanismus. Eine Philosophie für unsere Zeit. LIT, Münster

Kahl, J. (2012): Weihnachten – ein Ja zum Fest aus säkular-humanistischer Sicht. Lebendiges Zeugnis 4, 288–291

Kehrer, G. (2006): Atheismus light. Der lautlose Abschied von den Kirchen in den alten Bundesländern. In: Faber, R., Lanwerd, S. (Hrsg.): Atheismus. Ideologie, Philosophie oder Mentalität? Königshausen und Neumann, Würzburg, 199–208

Kohlberg, L. (1996): Die Psychologie der Moralentwicklung. Suhrkamp, Frankfurt am Main

Kultusministerkonferenz (2008): Zur Situation des Ethikunterrichts in der Bundesrepublik Deutschland. Bericht der Kultusministerkonferenz vom 22.02.2008. In: www.kmk.org/fileadmin/veroeffentlichungen_beschluesse/2008/2008_02_22-Situation-Ethik-Unterricht.pdf, 17.05.2013

Landkreis Osnabrück (2012): Förderung von Kindern in Tageseinrichtungen und Kindertagespflege. Bericht und Planung für den Landkreis Osnabrück 2012–2022. Osnabrück

Lindemann, H. (2006): Konstruktivismus und Pädagogik. Grundlagen, Modell, Wege zur Praxis. Ernst Reinhardt, München / Basel

Lorenz, F. (2009): Wozu brauche ich einen Gott? Gespräche mit Abtrünnigen und Ungläubigen. Rowohlt, Reinbek bei Hamburg

Marquardt-Mau, B., Rojek, R. (2011): Kinder auf den Spuren Darwins – Evolutionsbiologie im Sachunterricht. In: Dreesmann, D., Graf, D., Witte, K. (Hrsg.): Evolutionsbiologie. Moderne Themen für den Unterricht. Spektrum, Heidelberg

McGowan, D. (Hrsg.) (2007a): Parenting Beyond Belief. On Raising Ethical, Caring Kids Without Religion. Amacom, New York

McGowan, D. (2007b): Seven Secular Virtues. In: McGowan, D. (Hrsg.), 126–133

McGowan, D., Matsumura, M., Metskas, A., Devor, J. (Hrsg.) (2009): Raising Freethinkers. A Practical Guide For Parenting Beyond Belief. Amacom, New York

Meier-Gräwe, U. (2009): Gedeihen trotz widriger Umstände!? Förderung von Resilienz bei armen Kindern und Jugendlichen. In: Bauer, M., Endreß, A. (Hrsg.), Armut. Aspekte sozialer und ökonomischer Unterprivilegierung. Alibri, Aschaffenburg

Metzinger, A. (2011): Entwicklungspsychologie kompakt. 2. Aufl. Bildungsverlag EINS, Köln

mittelbayerische.de (2010): Regensburg: Kreuz musste weichen. In: www.mittelbayerische.de/index.cfm?pid=10009 & pk=606213 & p=1#606213, 21.08.2012

Möller, A. (2007): Spiritualität und Religiosität. Sinnfragen als Thema der Medizinpsychologie. In: Förstl, H. (Hrsg.), 163–170

Montada, L. (2008): Moralische Entwicklung und Sozialisation. In: Oerter, R., Montada, L. (Hrsg.), 572–606

Müller, E. (2013): Gott hat hohe Nebenkosten. Wer wirklich für die Kirchen zahlt. Kiepenheuer und Witsch, Köln

Nelson, R. (2007): On Being Religiously Literate. In: McGowan, D. (Hrsg.), 44–48

Newberg, A., D'Aquili, E., Rause, V. (2003): Der gedachte Gott. Wie Glaube im Gehirn entsteht. Piper, München / Zürich

Nida-Rümelin, J., Weidenfeld, N. (2012): Der Socrates-Club. Philosophische Gespräche mit Kindern. Knaus, München

Nilsson, U. (2012): Die besten Beerdigungen der Welt. Beltz, Weinheim

Nuhr, D. (2007): Wer's glaubt, wird selig. Rowohlt, Reinbek bei Hamburg

Nunner-Winkler, G. (1999): Zum Verständnis von Moral-Entwicklungen in der Kindheit. In: Dem Leben selbst Wert geben. Humanismus aktuell, Sonderheft 2, 82–97

Oerter, R., Montada, L. (Hrsg.) (2008): Entwicklungspsychologie. 6. Aufl. Beltz, Weinheim / Basel

Panafieu, J.-B. de, Gries, P. (2007): Evolution. Hrsg. von Xavier Barral. Frederking und Thaler / GEO, München

Piaget, J. (1973): Das moralische Urteil beim Kinde. Suhrkamp, Frankfurt am Main

Ploog, D. (2007): Ich, der andere und mein Wille: Anmerkungen zur Theory of Mind. In: Förstl, H. (Hrsg.), 341–354

Rathke, C. (2005): Öffentliches Schulwesen und religiöse Vielfalt. Schriften zum öffentlichen Recht Bd. 1005. Dunker und Humblot, Berlin

Ratzinger, J. (Hrsg.) (2005): Katechismus der katholischen Kirche. Kompendium. In: www.vatican.va/archive/compendium_ccc/documents/archive_2005_ compendium-ccc_ge.html, 22.01.2013

Rauschenbauch, T., Schilling, M. (2012): Die Trägerstruktur der Arbeitgeber in der Kinder- und Jugendhilfe – ein wenig beachtetes Thema. KomDat – Kommentierte Daten der Kinder- und Jugendhilfe Heft Nr. 2 / 2012, 1–4

Reich, K. (2010): Systemisch-konstruktivistische Pädagogik. Einführung in die Grundlagen einer interaktionistischkonstruktivistischen Pädagogik. 6. Aufl. Beltz, Weinheim / Basel

Rizolatti, G., Sinigaglia, C. (2012): Empathie und Spiegelneurone. Die biologische Basis des Mitgefühls. 4. Aufl. Suhrkamp, Frankfurt am Main

Rösch, A. (2009): Kompetenzorientierung im Philosophie- und Ethikunterricht. Entwicklung eines Kompetenzmodells für die Fächergruppe Philosophie, Praktische Philosophie, Ethik, Werte und Normen, LER. LIT 2009, Berlin

Rolf, B. (o.J.): Zur Situation des Philosophieunterrichts in Deutschland. In: http://fv-philosophie.de/hp/index.htm, 18.08.2012

Ryman, A. (2010): Rites of Life – les rites de la vie – Lebensrituale. Evergreen, Köln

Schmidbauer, W. (2007): Warum der Mensch sich Gott erschuf. Die Macht der Religion. Kreuz, Stuttgart

Schmied, C. (2011): Rede von Frau Bundesministerin Dr. Claudia Schmied anlässlich der Enquete „Werteerziehung durch Religions- und Ethikunterricht in einer pluralistischen Gesellschaft". In: www.bmukk.gv.at/ministerium/ministerin/reden/werteerziehung.xml, 17.05.2013

Schnabel, U. (2008): Die Vermessung des Glaubens. Blessing, München

Schnädelbach, H. (2011): Mit oder ohne Gott? Religion im Streit der Meinungen. In: Schnädelbach, H., Hastedt, H., Keil, G. (Hrsg.): Was können wir wissen, was sollen wir wissen? Zwölf philosophische Antworten. 2. Aufl. Rowohlt, Reinbek bei Hamburg, 229–247

Senatsverwaltung für Bildung, Jugend und Sport (Hrsg.) (2004): Berliner Bildungsprogramm für die Bildung, Erziehung und Betreuung von Kindern in Tageseinrichtungen bis zum Schuleintritt. das netz, Berlin

Siebert, H. (2002): Der Konstruktivismus als pädagogische Weltanschauung. Entwurf einer konstruktivistischen Didaktik. VAS, Frankfurt

Siegler, R., DeLoache, J., Eisenberg, N. (2011): Entwicklungspsychologie im Kindes- und Jugendalter. Deutsche Auflage hrsg. von Sabina Pauen, 3. Aufl. Spektrum Akademischer Verlag, Heidelberg

Speck, O. (2009): Hirnforschung und Erziehung. Eine pädagogische Auseinandersetzung mit neurobiologischen Erkenntnissen. 2. Aufl. Ernst Reinhardt, München

Stadtmission Nürnberg e.V. (2012): Kindertagesstätte im Nordostpark. Konzeption. Nürnberg

Steinböck, H. (2007): Kriminalität – Theory of Mind außer Kraft? In: Förstl, H. (Hrsg.), 219–228

Storch, K. (2003): Konfessionslosigkeit in Ostdeutschland. In: Gärtner, G., Pollack, D., Wohlrab-Sahr, M. (Hrsg.) (2003): Atheismus und religiöse Indifferenz. Leske und Budrich, Opladen, 231–246

sueddeutsche.de (2010): Das Kreuz ist weg. In: www.sueddeutsche.de/bayern/kruzifix-in-regensburger-klassenzimmer-das-kreuz-ist-weg-1.1024717, 12.08.2012

taz.de (2012): Zum Beten verdonnert. In: www.taz.de/Pflicht-zum-Religionsunterricht/!97875, 22.01.2013

Tonquist, S. (2007), Choosing Your Battles. In: McGowan, D. (Hrsg.), 49–56

Vaas, R., Blume, M. (2012): Gott, Gene und Gehirn. Warum Glaube nützt. Die Evolution der Religiosität. 3. Aufl. Hirzel, Stuttgart

Voland, E. (2009): Keine menschliche Kultur ohne Religion – Die Gründe. In: Kraus, O. (Hrsg.): Evolutionstheorie und Kreationismus – Ein Gegensatz. Steiner, Stuttgart, 83–96

Weber, M. (2006): Die protestantische Ethik und der Geist des Kapitalismus. In: Weber, M. (Hrsg.): Religion und Gesellschaft. zweitausendeins, Frankfurt am Main, 23–183 (zuerst veröffentlicht 1904/05)

welt.de (2010): Die Regensburger liegen über Kreuz. In: www.welt.de/politik/deutschland/article11199195/Die-Regensburger-liegen-ueber-Kreuz.html, 21.08.2012

Wildfeuer, A.G. (2003): Artikel Wert. In: Rehfus, W.D. (Hrsg.): UTB Handwörterbuch Philosophie. UTB/Vandenhoeck und Ruprecht, Stuttgart/Göttingen. online unter www.philosophie-woerterbuch.de, 22.01.2013

Wolf, F.O. (2010): Humanismus als Weltanschauung. In: Groschopp, H.

(Hrsg.): Humanismusperspektiven. Alibri, Aschaffenburg

Wolf, F.O. (2008): Humanismus für das 21. Jahrhundert. HVD, Berlin

Wolf, F.O. (2013): Die große Transformation der Religionen. Blätter für deutsche und internationale Politik 6, 111–118

Literaturempfehlungen für Eltern

zum Thema Trauer

◗ Nilsson, U. (2012): Die besten Beerdigungen der Welt. Beltz, Weinheim *(Kinderbuch)*

◗ Ryman, A. (2010): Rites of Life – les rites de la vie – Lebensrituale. Evergreen, Köln *(Fotoband)*

zum Thema Evolution

◗ Panafieu, J.-B. de, Gries, P. (2007): Evolution. Hrsg. von Xavier Barral. Frederking und Thaler / GEO, München *(Fotoband)*

zum Thema Philosophieren mit Kindern

◗ Nida-Rümelin, J., Weidenfeld, N. (2012): Der Socrates-Club. Philosophische Gespräche mit Kindern. Knaus, München

◗ Michalik, K., Schreier, H. (2006): Wie wäre es, einen Frosch zu küssen? Philosophieren mit Kindern im Grundschulunterricht. Westermann, Braunschweig

Bilderbücher eignen sich sehr gut, um mit Kindern über moralische Themen zu philosophieren. Unter der Internetadresse www.eiccc.org/buch & 1 finden Sie eine kommentierte Liste mit „wertvollen Kinderbüchern", die Sie dort auch herunterladen können.

zum Thema Kita und Tagespflege

Alle *Bildungspläne der deutschen Bundesländer* finden Sie im Internet unter www.bildungsserver.de/Bildungsplaene-der-Bundeslaender-fuer-die-fruehe-Bildung-in-Kindertageseinrichtungen-2027.html.

Den „Bundesländerübergreifenden Bildungsrahmenplan für elementare Bildungseinrichtungen in *Österreich*" finden Sie unter www.bmukk.gv.at/medienpool/18698/bildungsrahmenplan.pdf.

Ausführliche Informationen zum Betreuungsmodell *Kindertagespflege* finden Sie im „Handbuch Kindertagespflege" des Bundesministeriums für Familie, Senioren, Frauen und Jugend. Es steht unter www.handbuch-kindertagespflege.de zum Download bereit.

Adressen und Kontakte

In Deutschland, Österreich und der Schweiz befassen sich etliche Organisationen mit Fragen der Konfessionsfreiheit, des Humanismus, Atheismus und Agnostizismus. Einige von ihnen bestehen bereits seit über 150 Jahren, andere wurden erst jüngst gegründet. Auch unterscheiden sie sich in der Ausrichtung. Manche Gemeinschaften erreichen mit ihren Angeboten „von der Wiege bis zur Bahre" mehrere zehntausend Menschen, andere verstehen sich vor allem als politische Vereinigungen, die sich um die Begrenzung des Einflusses der Kirchen bemühen, wieder andere organisieren nur eine Handvoll Interessenten über das Internet. Das Bild der säkularen Vereinigungen ist ziemlich bunt. Nachstehend werden nur die jeweils auf nationaler Ebene tätigen Dachverbände, Zusammenschlüsse oder Organisationen genannt. Auf deren Homepages sind die jeweiligen Mitgliedsorganisationen verzeichnet.

Internationale Organisationen

International Humanist and Ethical Union (IHEU)
1 Gower Street, London WC1E 6HD, England
Tel.: +44(0)207 / 636 47 97
Fax +44(0)870 / 288 76 31
www.iheu.org

European Humanist Federation
Campus de la Plaine ULB, Accès 2,
Avenue Arnaud Fraiteur, CP237,
Bruxelles 1050, Belgien
Tel.: +32(2)627 68 11
Fax +32(2)627 68 01
www.humanistfederation.de

Deutschland

Humanistischer Verband Deutschlands e.V. (HVD)
Bundesverband
Wallstraße 61–65, 10179 Berlin
Tel.: +49(0)30 / 61 39 04 34

Fax +49(0)30 / 61 39 04 50
www.humanismus.de

Junge Humanistinnen und
Humanisten in Deutschland e.V. (JuHu)
Bundesverband
Wallstraße 61–65, 10179 Berlin
Tel.: +49(0)30 / 61 39 04 76
Fax +49(0)30 / 61 39 04 89
www.juhu-bund.de

Dachverband freier Weltanschauungsgemeinschaften e.V. (DFW)
Otto-Dill-Straße 20, 67061 Ludwigs-
hafen
Tel.: +49(0)621 / 58 17 18
Fax: +49(0)621 / 58 77 130
www.dfw-dachverband.de
(dort auch Kontaktdaten der Mitglieds-
verbände)

Internationaler Bund der Konfessions-
freien und Atheisten e.V. (IBKA)
Tilsiter Straße 3, 51491 Overath,
Deutschland
Tel.: +49(0)2206 / 867 32 61
www.ibka.org

Deutscher Freidenkerverband e.V.
(DFV)
Schillstraße 7, 63067 Offenbach
Tel. / Fax: +49(0)69 / 83 58 50
www.freidenker.de

Giordano-Bruno-Stiftung (gbs)
Auf Fasel 16, 55430 Oberwesel
Tel.: +49(0)6744 / 710 50 20
Fax: +49(0)6744 / 710 50 21
www.giordano-bruno-stiftung.de

Jugendweihe Deutschland e.V
Wackenbergstraße 90, 13156 Berlin
Tel. / Fax: +49(0)30 / 550 93 14
www.jugendweihe.de

Österreich

Zentralrat der Konfessionsfreien
www.konfessionsfrei.at
(dort auch Kontaktdaten der Mitgliedsorganisationen)

Schweiz

Freidenker-Vereinigung der Schweiz
Geschäftsstelle
Postfach, 3001 Bern, Schweiz
Tel.: +41 (0)31 / 371 65 67
www.frei-denken.ch

Leseprobe aus

Gerda Pighin: Kindern Werte geben – aber wie?

1. Welche Werte sind heute wichtig?

Vieles, was den eigenen Eltern und Großeltern am Herzen lag, hat heute ausgedient. Dennoch brauchen Kinder Orientierungspunkte, um in der Gemeinschaft mit anderen zurechtzukommen.

Alle Eltern wollen gute Kinder. Sie wollen, dass aus ihnen gute Erwachsene werden. Aber was heißt gut? Und vor allem, wie erzieht man Kinder dazu? Wie bringt man ihnen Werte bei? Und welche?

Eine Erziehung zu moralischem Verhalten war sicher niemals ganz einfach. Doch heute haben es Mütter und Väter besonders schwer. Schließlich leben wir in einer Zeit, in der sich die Werte in einem ständigen und sehr raschen Wandel befinden. Außerdem leben unterschiedliche Kulturen mit verschiedenen Wertesystemen bei uns nahe beieinander. Besonders in den Großstädten bekommen Kinder schon früh Kontakt zu anderen Weltanschauungen als denen der Eltern. Zudem ist in der Gesellschaft mittlerweile fast alles erlaubt, jeder darf nach seiner Fasson glücklich werden. Jeder hat Anspruch darauf, sein Leben so zu gestalten, wie es ihm gefällt, wenn es sich mit seiner Umwelt vereinbaren lässt.

Werte der Großeltern, die immerhin mehrere Jahrhunderte Bestand hatten, wurden schon in der Kinderzeit der heutigen Eltern immer weniger akzeptiert wie z. B. Disziplin, Gehorsam oder Pflichtbewusstsein. Diese „Tugenden" haben einen schalen Beigeschmack und ein negatives Image bekommen. Auch die Instanzen, die früher unangefochten für die Gültigkeit und Richtigkeit der allgemeinen Werteordnung zuständig waren – Kirche, Schule, staatliche Obrigkeit, Elternhaus –, haben in den letzten Jahrzehnten an Glaubwürdigkeit verloren. Im Zeitalter der Globalisierung gibt sich unsere Gesellschaft in vieler Hinsicht pluralistisch und freier und manchmal auch toleranter als früher. Es gibt unterschiedliche Lebensweisen und sie werden weitgehend akzeptiert.

reinhardt
www.reinhardt-verlag.de

Traditionen helfen nur manchmal

Diese Freiheit ist zwar wunderbar, aber sie hat auch ihren Preis: Niemand kann sich mehr an eindeutigen Regeln und Werten orientieren. Jeder muss bis zu einem gewissen Grad für sich selbst entscheiden, was er für gut und was er für böse hält, was für ihn erstrebenswert und was abzulehnen ist.

Eltern können nur noch bedingt auf Traditionen zurückgreifen. Sie müssen sich Gedanken darüber machen, welche Werte sie ihren Kindern vermitteln wollen, was sie von dem, das ihre eigenen Eltern ihnen mitgegeben haben, an sie weitergeben möchten. Die Schwerpunkte können deshalb in jeder Familie unterschiedlich sein.

Trotz allem gibt es aber Grundwerte, die in unserer Kultur seit Jahrhunderten gültig sind, die sich im Laufe der Geschichte entwickelt, deren Wichtigkeit und Stellenwert sich jedoch immer wieder verschoben haben. Tapferkeit beispielsweise, Gerechtigkeit, Besonnenheit, Fleiß, Bescheidenheit, Dankbarkeit, Hilfsbereitschaft, Mitgefühl und Verantwortung. […]

Mit Druck geht gar nichts

In einer friedlichen und demokratischen Familienatmosphäre lassen sich Werte mit Liebe und Überzeugungskraft vermitteln – Druck oder Strenge bringen ohnehin nichts. Liebe und Überzeugungskraft – das klingt vielleicht einfach, ist es aber nicht. Einerseits deshalb, weil manche Eltern vielleicht selbst noch mit Ohrfeigen, Stubenarrest, „Gardinenpredigten" oder sonstigen Strafmanövern erzogen wurden. Sie haben wenig Erfahrung, wie man ein Kind liebevoll überzeugt. Zum anderen – und das betrifft alle Mütter und Väter, egal, welche Erfahrungen sie als Kind gemacht haben –, weil die Kleinen erst einmal keine Ahnung haben, was gut oder böse ist. Sie verfügen über kein genetisches Programm, wie z.B. beim Laufen- oder Sprechenlernen, das sie bei entsprechender Anleitung schon in die richtige Richtung treibt. Moralisches Verhalten müssen sie „von der Pike auf" lernen.

reinhardt
www.reinhardt-verlag.de

Und die Eltern sind nicht die Einzigen, von denen sie sich etwas abschauen. Sie nehmen mit feinen „Antennen" wahr, was in ihrer Umwelt abläuft und werden auch von anderen Kindern und anderen Erwachsenen beeinflusst. D.h., Mütter und Väter müssen nicht nur erklären, begründen und vorleben, was richtig ist, sondern sie müssen auch auf ihren Nachwuchs einwirken und ihn davon überzeugen, warum das Verhalten anderer oft wenig vorbildlich und deshalb nicht nachahmenswert ist.

Leseprobe (S. 7 – S. 10) aus:

Gerda Pighin
Kindern Werte geben – aber wie?
(»Kinder sind Kinder«; 27)
2., überarb. Auflage 2005. 102 Seiten. 8 Abb.
(978-3-497-01747-8) kt

www.reinhardt-verlag.de

Wenn Eltern sich trennen

Alexandra Ehmke / Katrin Rulffes
Und die Kinder?
Psychologische und rechtliche Hilfen für
Eltern bei Trennung und Scheidung
(»Kinder sind Kinder«; 37)
2012. 213 Seiten. Innenteil zweifarbig.
(978-3-497-02238-0) kt

- **psychologischer und juristischer Rat**
- **Tipps für die Zeit vor und nach der Trennung**

Trennung und Scheidung belasten Eltern und Kinder. Sie sind oft mit großer Unsicherheit verbunden. Wie können wichtige Entscheidungen im Interesse der Kinder getroffen werden? Wie sollen sich Eltern im Umgang mit ihren Kindern in konkreten Situationen verhalten? Welche Rechte, Pflichten und Möglichkeiten haben sie?

Die Autorinnen finden Antworten auf diese und zahlreiche weitere Fragen. Sie zeichnen die Gefühlslage von Eltern und Kindern in den verschiedenen Trennungsphasen einfühlsam nach. Eltern erhalten wertvolle psychologische und juristische Tipps, um sich und ihre Kinder gut durch diese schwierige Lebenssituation zu bringen.

reinhardt
www.reinhardt-verlag.de

Konkrete Praxistipps und wertvolle Anregungen

Ulrich Heimlich
Gemeinsam von Anfang an
Inklusion für unsere Kinder mit und ohne
Behinderung
(»Kinder sind Kinder«; 38)
2012. 157 Seiten. Innenteil zweifarbig.
(978-3-497-02294-6) kt

- **viele Praxisbeispiele**
- **Basisinfos zur Inklusion**

Inklusion ist in aller Munde. Kinder mit und ohne Behinderungen sollen von Anfang an gemeinsam lernen und leben. Eltern stellen sich dabei viele Fragen:

- Kann mein Kind eine inklusive Krippe, Kita oder Schule besuchen?
- Wie kann ich dafür sorgen, dass es meinem Kind dort gut geht und es optimal gefördert wird?
- Ist auch nach der Grundschule gemeinsames Lernen möglich?

- Was passiert, wenn aus dem Kind allmählich ein Erwachsener wird?

Der Autor zeigt anhand vieler Praxisbeispiele einen inklusiven Bildungs- und Entwicklungsweg, gibt Eltern Tipps und Anregungen. Verständlich und anschaulich werden die Basisinfos zum Thema Inklusion vermittelt – ein Muss für alle Eltern, deren Kinder „inklusiv" lernen und leben sollen!

reinhardt
www.reinhardt-verlag.de

Das Erfolgsbuch bereits in der 7. Auflage!

Walburga Brügge / Katharina Mohs
So lernen Kinder sprechen
Normale und gestörte Sprachentwicklung
(»Kinder sind Kinder«; 9)
7., überarb. u. neu gest. Aufl. 2013. 116 S.
Mit Fotos von Astrid Zill.
Innenteil zweifarbig. (978-3-497-02362-2) kt

- **Wie fördere ich mein Kind im Alltag am besten?**
- **praxisnahe und lebendige Praxisbeispiele**

„Ein doßer Hit im Hasser himmt!" – So oder ähnlich zeigen viele Kinder im Verlauf ihrer Sprachentwicklung Auffälligkeiten im Satzbau oder in der Lautbildung. Wie lange darf ein Kind Fehler machen, wenn es sprechen lernt? Was können Eltern für die Sprachentwicklung ihres Kindes tun?

Dieses Buch gibt Eltern einen Überblick über den Verlauf der normalen Entwicklung des Sprechens und erläutert die dazu notwendigen Voraussetzungen. Mögliche Störungen werden aufgezeigt und erklärt. Zahlreiche Spielvorschläge regen zu einem kreativen Umgang mit dem Sprechen an.

Die 7. Auflage wurde komplett überarbeitet und neu gestaltet. Jetzt auch mit großem Serviceteil: Literatur- und Web-Empfehlungen, zahlreiche Hinweise für geeignete Spiele und Bilderbücher!

www.reinhardt-verlag.de

Mehrsprachigkeit – Chance oder Gefahr für die kindliche Entwicklung?

Vassilia Triarchi-Herrmann
Mehrsprachige Erziehung
Wie Sie Ihr Kind fördern
(»Kinder sind Kinder«; 25)
3., überarb. Aufl. 2012. 155 Seiten.
Mit zahlr. Abb. Innenteil zweifarbig.
(978-3-497-02272-4)

- bewährte Tipps für die mehrsprachige Erziehung
- Mit fünf Prinzipien für den mehrsprachigen Familienalltag

Wenn Mama und Papa verschiedene Sprachen sprechen, haben Kinder die wertvolle Chance, mehrere Sprachen gleichzeitig zu lernen. Eltern stellen sich viele Fragen: Wie bin ich selbst ein gutes Sprachvorbild für das Kind? Was mache ich, wenn mein Kind die Sprachen verwechselt? Wann sollte ich einen Sprachtherapeuten aufsuchen? Mit vielen Fallbeispielen und wertvollen Tipps vermittelt die Autorin den Eltern Handlungssicherheit für den mehrsprachigen Alltag.

Sprachförderung kinderleicht

Wolfgang G. Braun / Janna Kosack
Mit Kindern sprechen und lesen
Sprache kitzeln – Sprache fördern
Mit Zusatzmaterial für ErzieherInnen.
2012. DVD mit Film ca. 50 Min.
(978-3-497-02324-0)

- **mit Bonusmaterial für ErzieherInnen**
- **Wie Eltern Sprache im Alltag fördern können**

„Noch einmal, noch ein letztes Mal …" hören vorlesende Eltern und Großeltern immer wieder. Und wer erinnert sich nicht selbst gerne an spannende und gemütliche Vorlesestunden?

Wir wissen heute, dass sich das gemeinsame Betrachten und das Sprechen über Bilderbücher positiv auf die sprachliche, emotionale und soziale Entwicklung von Kin-dern auswirken. Der Film „Mit Kindern sprechen und lesen" zeigt, worauf es beim Vorlesen und Sprechen mit Kindern von zwei bis acht Jahren ankommt, und was der Sprachentwicklung eher hinderlich ist. Zu jeder Altersgruppe (2 – 3 Jahre, 3 – 5 Jahre, 6 – 8 Jahre) gibt es ein eigenes Kapitel. Für alle Mamas und Papas, Omas und Opas, die mehr aus der „Märchenstunde" machen wollen!

 **reinhardt**
www.reinhardt-verlag.de

Bereits in 5. Auflage!

Fit für die Schule mit Montessori!

Christine Hagemann / Ingrid Börner
Schulfähig mit Montessori
Optimale Vorbereitung in der Kita
(»Kinder sind Kinder«; 17)
2., überarb. Aufl. 2009. 123 S. 28 Abb. 1 Tab.
Innenteil zweifarbig. (978-3-497-02113-0) kt

• **Tipps für die Schulvorbereitung mit
  Montessori-Material**

Beim Übergang vom Kindergarten in die Schule müssen Kinder zahlreiche neue Aufgaben und Anforderungen bewältigen. ErzieherInnen können die Kinder mithilfe der Montessori-Pädagogik dabei begleiten.

Wie lassen sich Montessori-Materialien im Kindergarten zur Schulvorbereitung einsetzen? Welche Kompetenzen können mit dem Ansatz von Montessori unterstützt werden, und welche Vorläuferfunktionen können gefördert werden? Die Autorinnen antworten auf diese Fragen und zeigen praxisorientiert, wie man Kinder mit Montessori-Material auf die Schule vorbereiten kann.

www.reinhardt-verlag.de

Werte vermitteln – aber wie?

Margit Stein
Wie können wir Kindern Werte vermitteln?
Werteerziehung in Familie und Schule
2008. 207 Seiten. 17 Abb. 11 Tab.
(978-3-497-02040-9) kt

• **Wie können Eltern erfolgreich Werte vermitteln?**

Was sind Werte und welche Theorien und Modelle zur Werteerziehung gibt es? Welche Auswirkungen hat der Wertewandel auf die Erziehung? Welchen Beitrag kann die Schule zur Wertevermittlung leisten?

Dieses Buch gibt einen Überblick über den gegenwärtigen wissenschaftlichen Stand zur Werteerziehung in Elternhaus und Schule. Der Schwerpunkt liegt auf der Frage nach dem Wie der Wertevermittlung. Zusammenhänge zwischen Erziehungsstil, Interaktions- und Bindungsverhalten, Vorbildfunktion, Schulklima etc. werden verständlich präsentiert. Dabei werden auch bisher kaum in der deutschsprachigen Literatur rezipierte, aktuelle amerikanische Studien berücksichtigt.

reinhardt
www.reinhardt-verlag.de

Der Sandmann ist endlich da!

Helena Harms
Mit Wolkenschäfchen in den Schlaf
Ratgeber für ausgeschlafene Eltern und
ihre Kinder
(»Kinder sind Kinder«; 34)
2009. 117 Seiten. 9 Tab.
Innenteil zweifarbig. (978-3-497-02059-1) kt

- **Ratschläge für ein entspanntes Einschlafen**

„Mein Kind schläft nicht" – diesen Stoßseufzer hört man oft von Eltern auch dann noch, wenn ihre Kinder schon im Vor- und Grundschulalter sind. Helena Harms erklärt in diesem Ratgeber, warum auch größere Kinder oft mit Schlafproblemen zu kämpfen haben.

Die Autorin zeigt, wie Eltern ihre Kinder liebevoll und behutsam auf ihrem Weg zum guten Schlaf begleiten. Sie erklärt, wie man mit Albträumen umgeht, Streitigkeiten um das Ins-Bett-Gehen entschärft und kleine Energiebündel schnell und sicher zur Entspannung bringen kann. Neben wichtigen Informationen über Schlafverhalten und Biorhythmus bei Kindern leiten zahlreiche Gute-Nacht-Geschichten zu einem Entspannungsritual an. Sie geben den Eltern Anregungen und Vorlese-Möglichkeiten und nehmen den Kindern die Angst vor dem Schlaf.

www.reinhardt-verlag.de

Linkshändigkeit früh unterstützen

Sylvia Weber
Linkshändige Kinder richtig fördern
Mit vielen praktischen Tipps
Mit einem Geleitwort von J. B. Sattler.
(»Kinder sind Kinder«; 23)
3., überarb. Auflage 2008. 128 Seiten.
Zahlr. Fotos und Zeichnungen.
Innenteil zweifarbig (978-3-497-01964-9) kt

• **Wie Kinder den Alltag mit „links" bewältigen können.**

Wenn ein Kind die linke Hand bevorzugt nutzt oder auch beide Hände abwechselnd, sind die Eltern oft verunsichert. Gerade während der ersten Lebensjahre und bis ins Grundschulalter stellen sich den Eltern unzählige praktische Fragen: Wie mache ich das mit links? Eine Schleife binden, den Computer bedienen, Musikinstrumente benutzen, und vor allem mit links unverkrampft schreiben?

Sylvia Weber, die ihre Linkshändigkeit erst als Erwachsene entdeckte, kennt die Fragen und Sorgen der Eltern. Sie beschreibt wichtige Grundlagen zum Verständnis der Händigkeit, erklärt, woran Eltern die Händigkeit ihres Kindes früh erkennen können. Und sie gibt hilfreiche Tipps, wie Eltern, ErzieherInnen und LehrerInnen die natürliche Bevorzugung der linken Hand sinnvoll unterstützen können.

reinhardt
www.reinhardt-verlag.de

Bibliografische Information der Deutschen Nationalbibliothek
Die Deutsche Nationalbibliothek verzeichnet diese Publikation in der Deutschen Nationalbibliografie; detaillierte bibliografische Daten sind im Internet über <http://dnb.d-nb.de> abrufbar.
ISBN 978-3-497-02367-7 (Print)
ISBN 978-3-497-60132-5 (E-Book)
ISSN 0720-8707

Printed in Germany
Cover unter Verwendung Fotos von © Miredi – Fotolia.com
Satz: Arnold & Domnick, Leipzig   www.arnold-domnick.de

Bildquellennachweis
S. 9: © Warren Goldswain – fotolia.com, S. 16: © Sebastian – fotolia.com, S. 29: © Warren Goldswain – fotolia.com, S. 48: © BeTa-Artworks – fotolia.com, S. 63: © istockphoto.com/Igor Balasanov, S. 80 und 96: © Claudia Paulussen – fotolia.com, S. 111: © pressmaster – fotolia.com, S. 133: @ Mirendi – fotolia.com

Ernst Reinhardt Verlag, Kemnatenstr. 46, D-80639 München
Net: www.reinhardt-verlag.de E-Mail: info@reinhardt-verlag.de